ON A LES POLITIQUES QU'ON MÉRITE

DE LA MÊME AUTRICE

Les Inamovibles de la République. Vous ne les verrez jamais, mais ils gouvernent, L'Aube, 2020.

Être vieux : relégation ou solidarité ? (avec Daniel Perron), L'Aube, 2021.

Le Populisme au secours de la démocratie ?, Gallimard, coll. « Le Débat », 2021.

Chloé Morin

On a les Politiques qu'on mérite

Fayard

Ouvrage édité sous la direction d'Isabelle Saporta

Couverture : Le Petit Atelier
Photo de bande : Francesca Mantovani

ISBN : 978-2-213-72084-5
Dépôt légal : février 2022

Prologue

Il fait froid et gris en ce lundi 19 mars 2001, sur l'esplanade déserte qui s'étend devant la mairie de Levallois-Perret. Et presque nuit. Comme si un crépuscule des dieux s'était abattu sur cette ville de la banlieue ouest de Paris, coincée entre la Seine, Neuilly, Clichy et le périphérique, montrée du doigt depuis la réélection la veille de Patrick Balkany, revenu avec son épouse Isabelle de leur exil à Saint-Martin, afin de reconquérir leur fief perdu.

11 heures du matin et un journaliste du service politique de France Inter arpente les lieux à la recherche de témoignages, pour fabriquer un micro-trottoir destiné au journal de 13 heures. Lui qui a couvert l'événement la veille au soir semble pris d'une immense lassitude : il n'y a personne à interroger, l'endroit est désert.

Quand soudain, un habitant de la ville, un seul au milieu de cet immense espace vide, vient à sa rencontre :

— Ah, ma radio préférée ! Bonjour !

— Bonjour monsieur, je cherche des réactions au retour des Balkany, ici, à Levallois. Vous me diriez quelques mots à mon micro ?

L'homme acquiesce. Le journaliste enclenche son magnétophone, la réponse fuse :

— Écoutez, je suis de gauche. C'est quand même inouï que ces gens pourtant condamnés, qui sont partis en exil au soleil, reviennent comme si de rien n'était et se fassent réélire, comme ça !

— Cela vous choque ?

— Évidemment ! Cela donne une piètre image de la démocratie…

— Vous avez donc voté pour son adversaire ?

L'enregistrement tourne toujours, l'homme regarde ailleurs, et répond, un brin gêné :

— Eh bien non, pas du tout. En fait, j'ai voté Balkany.

Stupéfaction.

— Ah bon. Et pourquoi ?

— Eh bien, parce qu'au moins, avec eux, je sais que Levallois est bien tenue, que la ville est propre, on y circule en sécurité, nos écoles sont sûres, nos enfants partent en vacances… Alors oui, je n'ai pas hésité une seconde !

Le journaliste, Jean-François Achilli, range alors son micro et s'en retourne, médusé, à sa voiture de reportage. Inutile d'aller chercher d'autres témoignages, tout vient d'être dit.

Introduction

Emmanuel Macron portait en 2017 une promesse d'espérance. Celle de nous guérir de notre pessimisme congénital. Remettre la France, déclassée et divisée, doutant d'elle-même et de ses propres capacités, sur la carte. La réconcilier avec la marche du monde, lui permettre de renouer avec un progrès économique et social qui a toujours été notre horizon, et une souveraineté nationale chère à notre imaginaire collectif.

En ce soir de mai 2017, nombreux étaient les Français à espérer pouvoir à nouveau regarder l'avenir avec confiance.

Emmanuel Macron prétendait également nous réconcilier avec le « système » politico-administratif, non sans jouer habilement du dégagisme ambiant. Le « nouveau monde » allait reléguer l'ancien au cimetière politique, l'efficacité redevenir la boussole de la machine législative et administrative. Les politiques seraient mis au pas, croyait-on comprendre en lisant entre les lignes d'un programme qui comportait par exemple la diminution du nombre de parlementaires (ils sont inutiles, donc ils nous coûteront moins cher s'ils sont moins nombreux !).

Il faut sans doute une grande dose de courage, ou bien une certaine forme d'inconscience, voire de folie, pour assumer ouvertement, tout simplement, la promesse qui nous avait été faite : celle de restaurer notre fierté nationale.

Cinq ans plus tard, la déception est, pour beaucoup de Français – souvent ceux qui n'avaient en réalité jamais osé y croire, mais sont presque ravis de s'imaginer, après coup, y avoir cru, comme si la confirmation de la trahison les rassurait quant à leur dégoût du système politique –, à la hauteur des espoirs soulevés. Alors qu'une nouvelle campagne présidentielle bat son plein, un constat s'impose dans une grande partie de l'opinion, gagnée par le déclinisme cher à Éric Zemmour : la France tombe toujours. Déclassée, marginalisée, méprisée, toujours plus divisée, notre nation ressemble de moins en moins à la haute idée que nous nous faisons de son histoire et de la place qui devrait lui revenir dans le monde.

Malgré une reprise économique qui s'affirme chaque jour un peu plus, une résilience admirable démontrée face à l'épidémie de Covid, une part majoritaire de la population rejette le président de la République et, à travers lui, vomit le « système » politique, ses trahisons et ses compromissions, et les « élites » en général.

Chaque fait divers, chaque statistique qui pourrait venir apporter de l'eau au moulin de notre déclinisme congénital est scruté et digéré par cette partie du pays, majoritaire, qui n'y croit tout simplement plus. Et nul pourcentage de croissance supplémentaire ou point de chômage en moins ne paraît capable de venir à bout des doutes qui tenaillent la France populaire et moyenne, celle des petites villes et des campagnes, la moins diplômée et jamais suffisamment « mobile », comme on dit.

Qui sommes-nous, que faisons-nous ensemble, pouvons-nous encore vivre et construire quelque chose de durable et de désirable ? Telles sont les questions fondamentales auxquelles nous revenons éternellement. Nous y revenons lorsque le hasard d'un drame national – sidération face à un attentat ou basculement dans l'inconnu du « grand confinement » – fait taire un instant le brouhaha des réseaux, des chaînes d'info en continu et des polémistes de tous bords.

Mais ces questions, nous les oublions bien vite, comme incapables d'en affronter les réponses, ce qu'elles impliqueraient de remise en cause de nous-mêmes et de nos convictions comme de nos modes de vie. Nous préférons retourner à nos discussions qui tournent en rond, et à ces débats aussi enflammés que secondaires dont raffolent trop de médias.

La France, depuis une décennie, a connu des épreuves que les meilleurs *scenarii* de science-fiction n'avaient pas anticipées : attentats multiples, chacun repoussant un peu plus loin les limites de l'horreur. Crise migratoire en 2015, ces centaines d'hommes, femmes et enfants s'échouant sur nos côtes avec des radeaux de fortune, traversant la mer au péril de leur vie – nous avons su nous habituer, depuis, à la vue de leurs cadavres. Elle ne perturbe plus les nuits de la plupart d'entre nous. Convulsions sociales multiples, toujours plus violentes et déstructurées, avec ces Gilets jaunes qui risquent fort de rester dans les annales comme un précédent, et non une exception. Catastrophes climatiques multiformes, depuis les incendies de plus en plus spectaculaires jusqu'aux canicules et aux inondations ravageuses. Et bien sûr, nous avons subi l'épreuve du Covid, d'abord sidérés, puis de plus en plus résignés.

À chaque étape, chaque fois que nous avons repoussé les frontières de l'impensable, politologues, observateurs de la vie politique et sociale, élus ou simples citoyens se sont interrogés sur notre capacité, en tant que collectif humain, à surmonter l'épreuve. Une société que l'on dit si fracturée peut-elle tenir ? Quelle capacité de résistance pouvons-nous conserver, malgré nos querelles et nos divisions ? Et surtout, comment un peuple peut-il « faire bloc » lorsqu'il n'a plus confiance ni en lui, ni en celles et ceux qui le dirigent et le servent ?

Le paradoxe est que cette société si divisée, parfois désorientée, a su tenir. Elle a fait face, vaille que vaille. L'adversité n'a pas découragé nos forces de l'ordre, ni le manque de moyens abattu nos soignants. Mais cette société qui a su faire bloc et se trouver des héros pour éclairer les heures sombres ne s'est pas réconciliée pour autant. L'état de grâce connu quelques semaines durant, lorsque des confinés, tétanisés par l'incertitude, tenaillés par la peur, applaudissaient leurs soignants tous les soirs à 20 heures, ne semble pas avoir laissé de trace durable. Tous les sondages en attestent: la société qui émerge péniblement du Covid, vaccination de masse aidant, est lasse, morose et méfiante. Elle qui vient de surmonter l'inconcevable, peine encore et toujours à se projeter dans l'avenir. À l'exception des maires, l'immense majorité du personnel politique – ces hommes et femmes qui ont la lourde tâche de bâtir et nous conduire vers un avenir meilleur – est frappée d'une défiance écrasante. Abyssale. D'ailleurs, lorsqu'on les interroge sur les principaux responsables de l'amélioration progressive de la situation sanitaire, les Français placent les élus, les administrations ou le président de la République en bas de classement, bien loin derrière les scientifiques ou les citoyens eux-mêmes. Quelle que soit la difficulté rencontrée, le peuple français a le sentiment de s'en sortir sans ses dirigeants, voire contre eux.

Oui, malgré les épreuves, la crise de défiance que nous traversons n'a cessé de s'approfondir. Pour certains, c'est désormais la résignation et l'indifférence qui dominent. Ceux-là cultivent leur jardin, loin du tumulte des réseaux sociaux et des chaînes d'information en continu. Pour d'autres, c'est le dégoût, voire la haine, qui tient à présent lieu de boussole politique. L'engagement citoyen prend alors la forme d'un dégagisme aveugle et stérile. De coups portés aux élus en permanences parlementaires saccagées, d'enfarinages en entartages, d'insultes anonymes proférées sur les réseaux en effigies présidentielles portées fièrement au bout d'une pique dans les cortèges, la colère et la haine se répandent. Le poison du rejet des élites, et particulièrement des élus, n'a jamais été si puissant.

L'élu, le « politicien », est unanimement considéré comme premier – et parfois même unique – responsable de nos maux. Emmanuel Macron en tête, bien sûr, comme François Hollande et Nicolas Sarkozy avant lui. Parce que « présidents de la République ». Donc responsables, et forcément coupables. Mais le monarque républicain est un arbre qui ne saurait cacher la forêt aux yeux de ses sujets : des centaines, des milliers d'élus, sénateurs, députés, conseillers départementaux ou régionaux, présidents de métropole... tous critiqués, rejetés, vilipendés, voire haïs pour avoir laissé notre pays tomber. Condamnés sans jugement. Corruption, nombrilisme, carriérisme et incompétence sont les caractéristiques que le citoyen attribue le plus aisément à ceux qui le dirigent.

La campagne présidentielle qui bat son plein n'a sans doute pas fini d'offrir son lot d'insultes, de permanences taguées, voire d'attaques violentes à l'égard des élus en campagne. Le phénomène n'est pas nouveau, mais – malgré les condamnations politiques, heureusement jusqu'ici systématiques et unanimes – la reprise en boucle sur les réseaux et les chaînes d'info de chacune de ses illustrations semble participer d'un emballement, comme si l'exemple désinhibait ceux qui, autrefois, se contentaient de maugréer devant leur poste de télé ou de jurer au comptoir du bistrot d'à côté.

La défiance et la détestation sont-elles infondées ?

Malheureusement non. Trop d'égoïstes, trop d'ambitieux, de narcisses et de traîtres ont tenu – ou tiennent encore – de hautes fonctions dans ce pays. Nous y reviendrons...

Mais le tableau que l'on nous peint des élus, ce musée des horreurs auquel seuls les maires semblent désormais échapper aux yeux de nos concitoyens, est-il pour autant exact ? Évidemment pas. La vie politique est peuplée de citoyens – car, oui, avant d'être élus, ils étaient des hommes et femmes comme vous et moi – remarquables, engagés souvent jusqu'à l'épuisement, dévoués corps et âme, pour l'amour de l'humain et de l'intérêt général. Si leur vie est difficile, nous sommes – par indifférence, par exigence ou par détestation – en train de la rendre impossible.

Peut-on se contenter de rejeter ceux qui nous dirigent ? Sommes-nous condamnés à dégager les dégagistes d'hier, constatant avec désespoir que chaque remplaçant nous fait presque immanquablement regretter le remplacé ? Ou bien pouvons-nous vivre sans, chacun dans son couloir, tournant le dos à ceux qui ne veulent, ne savent ou ne parviennent plus à « changer la vie » ? Dégagistes ou désengagés, est-ce là notre seul et unique horizon ?

Évidemment que non. Le rejet de la politique comme l'indifférence à la chose publique ne peuvent être que des impasses. Ce sont deux manières de renoncer à peser sur notre avenir individuel et collectif, à nous façonner un destin à la hauteur de nos espérances.

Considérer que nous, citoyens, observateurs plus ou moins avertis de la vie publique, n'avons aucune responsabilité dans le délabrement progressif du monde politique est une troisième impasse. N'avons-nous pas contribué à rendre la vie politique impossible, à dégoûter les engagés ? L'hyper-transparence, imposée pour satisfaire un besoin légitime d'assainissement d'une vie publique trop opaque, n'est-elle pas allée trop loin ? Nous avons voulu le non-cumul des mandats – mesure extrêmement populaire lorsqu'elle fut votée –, parce que nous souhaitions des politiques « 100 % à leur tâche », ne cumulant pas les fonctions et encore moins les rémunérations. Résultat : nous avons obtenu des députés hors sol, incapables de peser sur le plan national faute d'ancrage territorial, et souvent déconnectés des enjeux locaux, aveugles aux signaux avant-coureurs de phénomènes sociaux tels que les Gilets jaunes.

Nous avons également voulu diminuer les rémunérations des élus – à commencer par celle des ministres, Premier ministre et président, au début du quinquennat Hollande – et nombre de Français considèrent même que ces sangsues devraient travailler gratuitement, voire payer pour avoir l'honneur de nous servir. Résultat : nous décourageons les talents. L'œil inquisiteur avec lequel nous scrutons la vie politique a bel et bien contribué à la rendre invivable. S'il ne s'agit évidemment pas ici de plaindre les politiques outre mesure – ce qui serait indécent, au regard de la situation sociale en France –, il semble à tout le moins justifié de se demander si nous ne sommes pas indirectement responsables du fait que certains revendiquent désormais leur amateurisme comme un atout, leur médiocrité et leur banalité comme des médailles ; si la multiplication des monstres dans les cabinets comme chez les élus n'est pas un peu de notre responsabilité. Quand on a fait fuir tous les dégoûtés, ne restent plus que les dégoûtants… Et le pire, c'est que notre esprit de revanche ne résout pas pour autant le problème auquel il prétend s'attaquer, car, au plus haut sommet de l'État, la propension à la déconnexion reste tout aussi élevée, voire plus qu'avant, chaînes d'info en continu et effet loupe des réseaux sociaux aidant. Finalement, nous sommes en train de créer un monde politique où les « gens normaux » préfèrent manger leur homard chez eux, à l'abri des regards, plutôt que risquer la vindicte populaire en le consommant dans les palais de la République.

Pour retrouver le goût de l'avenir, l'envie de vivre ensemble et de construire, il nous faut donc affronter avec lucidité les origines comme les conséquences de notre détestation des politiques et du « système ». Regarder en face ce que le monde politique est devenu, sa part d'ombre comme sa part lumineuse, trop souvent occultée aujourd'hui. Et surtout, il nous faut comprendre pourquoi nous en sommes arrivés là. Où la spirale infernale du dégagisme prend-elle racine ?

C'est uniquement par un diagnostic implacable mais honnête, et en identifiant les causes du pourrissement de notre relation aux politiques, que nous parviendrons – peut-être – à trouver les solutions, et la voie d'une réconciliation avec les élus. Et donc avec nous-mêmes.

Première partie

Ce monde politique que nous adorons détester

Désormais, aux yeux de l'immense majorité des Français, politique rime avec cynique, corrompu, inutile, ambitieux.

L'utilité sociale de l'élu est considérée comme inversement proportionnelle à son degré de visibilité médiatique ou de pouvoir.

Plus ils grimpent dans la hiérarchie des responsabilités, plus les responsables publics semblent déconnectés, inefficaces et carriéristes.

Il faut bien dire que souvent, si l'on en croit ce que renvoient médias et réseaux sociaux, ils semblent le mériter…

Inefficacité ou impuissance

« La moitié des hommes politiques sont des bons à rien.
Les autres sont prêts à tout. »

Michel Colucci, dit Coluche

De tous les procès qui sont intentés aux politiques, celui en inefficacité est sans doute le plus important. Les élus que j'ai interrogés sont unanimement convaincus que l'incapacité apparente de la politique à « changer la vie » est la source principale de la détestation dont ils font l'objet.

Changer la vie, c'était le titre du programme du Parti socialiste adopté en 1972. Ce fut également celui de son hymne, chanté pour la première fois lors du congrès de Nantes, en juin 1977 :

Les voix des femmes, et les voix des hommes
Ont dû se taire beaucoup trop longtemps
Ne croyons plus aux lendemains qui chantent

Changeons la vie ici et maintenant
C'est aujourd'hui que l'avenir s'invente
Changeons la vie ici et maintenant.

Depuis, que de désillusions…

Il y a eu le tournant de la rigueur.

Trois ou quatre décennies de chômage endémique.

La trahison du référendum de 2005, ce vote populaire sur lequel le politique s'est assis.

Et cetera. Et cetera. Et cetera.

Désormais, les lendemains ne chantent plus, et l'immense majorité de nos concitoyens considèrent que l'avenir ne s'invente plus ni au Parti socialiste ni dans aucun parti.

Ils pensent qu'au fond la politique ne sert à rien. Elle ne change plus la vie.

« La question "À quoi servent-ils ?" est à mes yeux centrale », m'explique ainsi un politique expérimenté[1], élu de multiples fois, à divers niveaux de responsabilité.

Franck Louvrier, maire de La Baule et ancien proche conseiller de Nicolas Sarkozy, abonde : « Les *citoyens* ont plus d'exigences et d'obligations de résultats qu'avant. L'incarnation politique ne suffit plus, les résultats prennent le dessus. Nous sommes dans un consumérisme de la vie publique : l'électeur est zappeur, il veut des résultats immédiats… Nous avons désacralisé la vie

1. Entretien du 17 septembre 2021.

publique et la politique, tout est désormais régi comme sur un marché[1]. »

J'étais invitée, à l'automne, à intervenir dans une conférence organisée par la *Revue politique et parlementaire* et la mairie de Saint-Raphaël. Thème de ma table ronde : la politique peut-elle encore quelque chose ?

Vaste question, que la qualité des orateurs – l'historien Jean Garrigues, la directrice de l'École des hautes études internationales politiques et présidente du Club 21e Siècle, Laëtitia Helouet, la philosophe Chantal Delsol et le président du conseil d'administration de l'entreprise Safran, Ross McInnes – et la durée allouée, deux heures et demie, ne parviendraient pas à circonscrire.

La composition de la salle reflétait, il faut bien l'avouer, ce qu'est devenue la sociologie électorale pour la plupart des élections. C'est-à-dire d'une moyenne d'âge plutôt élevée…

Au moment de prendre les questions des spectateurs, Véronique, l'air volontaire et sûre d'elle – elle m'indiquera plus tard avoir 63 ans et être « coach en entreprise » – se saisit du micro. « Nous voudrions nous engager, chacun à notre niveau. Pour apporter des solutions, aider la collectivité… Mais aujourd'hui, à part aller dans des associations, dont les causes sont souvent trop précises, que faire ? Quelles solutions nous proposez-vous pour sortir d'ici avec une feuille de route, être utiles ? »

1. Entretien du 19 septembre 2021.

Les intervenants sortent alors les rames. Pas un seul, évidemment, ne parvient à répondre à une question à la fois si vaste et si précise. Comment organiser un sursaut civique, en effet, dans un pays qui s'enfonce peu à peu, inexorablement, dans l'apathie démocratique ?

Je demande alors la parole et me lance :

« Je crois que, comme l'immense majorité des personnes dans cette salle, vous souhaiteriez vous engager. Pour partager des valeurs, les faire vivre. Imaginer des solutions à nos problèmes collectifs. Bref... ce que vous décrivez là, ce que vous souhaiteriez faire, c'est simplement... faire de la politique ! »

Je suis frappée de constater que la passion de la politique, de l'action au service du bien commun, n'a nullement disparu dans notre pays. Je m'adresse à l'intervenante et à l'ensemble de la salle : « Il y a une soif de faire, d'imaginer des solutions... Mais jamais, jamais, vous n'imaginez inscrire cette action dans une des organisations qui ont pourtant été inventées pour cela : les partis politiques ! »

Si l'on veut revenir à la racine des choses, c'est dans le parti politique que les citoyens se rassemblent, partagent des valeurs, imaginent la société dans laquelle ils voudraient vivre, et inventent des moyens de la faire advenir.

« Votre désarroi, madame, illustre tout à fait l'un des problèmes de notre pays : vous êtes tellement persuadée – sans doute à raison, car les partis en ont dégoûté plus d'un ! – que les partis sont des choses inutiles, des machines à fabriquer des divisions stériles et à nourrir les ego, que vous n'envisagez même plus d'y inscrire un engagement dont vous avez pourtant manifestement très envie. Et des gens dans votre situation, il y en a sans doute des milliers, des millions ! »

L'impasse civique, qui est dessinée en creux par cette interpellation, a pour racine une conviction, partagée par des millions de citoyens : la politique ne peut plus rien. Donc les lieux où elle s'exerce doivent être désertés, fuis comme la peste, au profit des associations, ou même des entreprises. Pour changer la vie, aujourd'hui, l'immense majorité considère que tous les chemins sont plus efficaces que celui du militantisme…

Les racines de cette inefficacité, réelle ou perçue, de la politique sont nombreuses. Certaines d'entre elles seront évoquées un peu plus loin. Franck Louvrier en évoque une, assez paradoxale : la pression exercée par les attentes conduirait, parfois, l'élu à être moins efficace, en l'empêchant de se focaliser sur le long terme.

« Plus l'action est médiatisée, plus on gère l'action dans l'optique de savoir comment ça va être compris, plutôt que dans l'optique de savoir comment ça va être efficace. Un élu vit matin, midi et soir avec les médias, et cela contribue à la déconnexion, comme à l'inefficacité. Le temps est celui des médias, cela génère un phénomène de zapping. Il y a une pression permanente de la réponse au quotidien, plus de temps de réflexion ni de recul. Par conséquent, il faut réfléchir à tout ce que l'on entend faire avant l'élection, car après on n'a plus le temps[1]. »

1. Entretien du 19 septembre 2021.

Xavier Bertrand n'a eu de cesse, durant son premier mandat de président de la région Hauts-de-France à partir de 2015, de combattre ce sentiment d'inefficacité des élus. Avec succès, puisqu'il a été réélu assez largement six années plus tard. Il a fait bien plus que contenir une montée du Rassemblement national que d'aucuns croyaient inexorable dans ces terres ouvrières.

Pour lui, « c'est évidemment la crise des résultats qui est la clef. Mais il n'y a plus de vision, non plus. Et pas assez de vérité et de transparence de la part des élus. Je crois profondément qu'il nous faut savoir expliquer pourquoi nous faisons tel ou tel choix. Savoir expliquer, aussi, les raisons de nos échecs lorsqu'ils surviennent[1] ». Ce n'est pas tant, à ses yeux, le fait que le politique puisse être faillible qui pose problème. C'est plutôt le fait qu'il nie cette faillibilité, voire cherche à camoufler ses échecs.

Reste que l'inefficacité est un procès implacable, extrêmement difficile à combattre. Car les critères de l'évaluation de l'efficacité sont aussi nombreux qu'il y a de situations individuelles, ou presque. L'on sait bien, par exemple, que le pouvoir d'achat peut s'améliorer *en moyenne*, mais que des pans entiers de la population peuvent considérer – à juste titre – que leur pouvoir de vivre recule. Lionel Jospin, et toute la gauche avec lui, ont été accusés d'avoir négligé le problème de l'insécurité, en distinguant le sentiment d'insécurité d'une insécurité dite « réelle » qui, elle, aurait été en régression.

1. Entretiens du 6 et du 9 octobre 2021.

Au fond, quand bien même chercherait-il constamment à actionner tous les leviers des politiques publiques à sa disposition, l'élu pourrait toujours être pris en défaut de ne pas avoir suffisamment endigué le chômage, d'avoir trop creusé la dette pour relancer l'activité, de ne pas avoir supprimé assez de fonctionnaires, mais de ne pas avoir mis assez de policiers dans nos rues, ni de professeurs dans nos écoles.

On oublie trop souvent que l'efficacité est, à l'échelle d'un pays, affaire de priorités : la droite cherchera l'efficacité économique et la baisse des impôts, le contrôle de l'immigration et la sécurité ; la gauche, la justice sociale, l'amélioration du système éducatif ou encore le « mieux vivre ensemble » et la lutte contre les discriminations, pour résumer, quitte à caricaturer. Elle est surtout un horizon presque inatteignable, que l'on poursuit indéfiniment, tel Sisyphe. Et si l'on ne parvient pas à cheminer assez vite vers cet horizon, le réflexe spontané de l'électeur sera non pas de s'interroger sur sa propre part de responsabilité dans l'échec, de réfléchir aux efforts qu'il n'a éventuellement pas fournis, mais de rejeter la faute en bloc sur « les élus », ce grand tout dans lequel nous aimons déverser pêle-mêle toutes nos frustrations. Les politiques se défaussent, négligent leurs responsabilités. C'est un fait. Mais nous aussi, citoyens, avons cette fâcheuse tendance à oublier notre part d'effort.

In fine, le résultat est le même : les politiques sont inefficaces, point à la ligne.

Carriérisme, narcissisme et trahisons

« Le gouvernement s'occupe de l'emploi.
Le Premier ministre s'occupe personnellement de l'emploi.
Surtout du sien. »

« La politique, c'est pas compliqué, il suffit d'avoir une bonne conscience, et pour cela, une mauvaise mémoire ! »

Michel Colucci, dit Coluche

Carriérisme. Voilà un mot étroitement associé à la politique par l'opinion publique. À force de voir des Mitterrand, député à partir de 1946, puis sénateur, puis re-député, onze fois ministre sous la IVe République, etc. ; des Chirac, député à partir de 1967, deux fois Premier ministre, deux fois président ; à force de voir des Sarkozy et des Hollande, des Bayrou ou des Royal, les Français en viennent à imaginer que la plupart des carrières politiques s'étalent sur plusieurs décennies.

Pourtant, la durée moyenne du mandat de député n'est guère que d'un mandat et demi. Et dans les dernières années, un certain Emmanuel Macron a considérablement fait évoluer le référentiel temporel de la conquête du pouvoir. Comme le souligne Benjamin Djiane, ex-plume de Manuel Valls à l'Intérieur puis à Matignon, « le parcours anormal d'Emmanuel Macron est devenu une forme d'idéal, les gens se disent : “Si tu ne fais pas de la politique à cette cadence-là, c'est donc que tu fais mal de la politique, que tu es dépourvu de talent.” C'est un renversement assez stupéfiant, car pendant longtemps, nous avions tendance à valoriser celui qui s'y est pris à trois fois pour gagner une élection, l'obstination mitterrandienne ou chiraquienne avait valeur d'exemple. Aujourd'hui, la société valorise ceux qui se réinventent sans cesse, se reconvertissent – l'idéal est le banquier qui devient fromager –, mais ceux qui se donnent vingt ans pour devenir maire de leur patelin, ceux-là sont désormais ringards[1] ».

Les carrières d'étoiles filantes valent-elles mieux que celles des vieux combattants endurcis ? Au fond, le vrai problème, en matière de « carriérisme », n'est pas tant la durée de l'engagement, le cumul temporel des mandats, que les zigzags idéologiques qu'ils peuvent induire. Pourquoi reprocher à tel maire qui fait bien son travail, est aimé de ses administrés, de vouloir se représenter une deuxième, une troisième fois ? Après tout, personne

1. Entretien du 6 octobre 2021.

n'oblige les électeurs à réélire indéfiniment ceux qui sont là depuis toujours. Mais il est vrai que pour accrocher la lumière, certains sont prêts à tous les grands écarts idéologiques, sans craindre le claquage. Ils sont prêts à tous les ralliements, et retournent leur veste sans vergogne.

Un tel reproche a été adressé au ministre Olivier Dussopt, que l'on a connu aubryste, à la gauche du Parti socialiste, puis vallsiste au moment où Valls était honni, considéré comme traître à la gauche par une bonne partie de ses électeurs, puis macroniste, au moment même où l'électorat de centre gauche, qui avait porté le président au pouvoir, instruisait son procès en trahison.

La députée Aurore Bergé, venant de la droite, a fait l'objet d'une avalanche de railleries sur les réseaux sociaux lorsqu'elle s'est ralliée à Emmanuel Macron, en février 2017, après avoir longtemps appartenu à l'UMP puis aux Républicains, et y avoir soutenu plusieurs champions alternatifs. Un *twitto* estimait ainsi : « Elle aura soutenu Sarkozy, Fillon, NKM, Pécresse, Juppé (en 2016) et maintenant Macron. » Après avoir échoué à entrer au gouvernement, celle à qui l'on prête une ambition ministérielle pressante est candidate malheureuse à la présidence du groupe majoritaire à l'Assemblée en septembre 2020. Elle quitte le poste de porte-parole et le bureau exécutif du parti présidentiel, LREM, dans la foulée.

Édouard Philippe, prise de guerre majeure d'Emmanuel Macron à la droite ; Laurent Wauquiez, dont de nombreuses déclarations chocs ont été qualifiées de purement cyniques et destinées à accélérer son ascension politique ; ou encore Emmanuel Macron, ayant trahi son « père politique » François Hollande… les personnalités de premier rang accusées de carriérisme sont légion. Parfois, les reproches sont légitimes. L'appétit du pouvoir est un trait humain terriblement répandu, et somme toute banal. Mais ces procès relèvent aussi souvent de la mauvaise foi : au nom de quoi un homme ou une femme ne pourrait pas changer d'avis ? Si seule la constance peut démontrer la sincérité des valeurs, rien n'indique que les opinions ne peuvent pas évoluer, et que les convictions ne peuvent jamais être légitimement ébranlées…

Le narcissisme est également une plaie politique majeure. Il faut bien une part d'amour de soi pour enchaîner les plateaux TV, chercher constamment à convaincre, voire à séduire, et s'afficher dans une infinie succession de meetings et autres réunions publiques. Or, comme l'assène Xavier Bertrand, interrogé au beau milieu d'une campagne acharnée pour devenir le candidat de la droite à la présidentielle : « Les politiques n'arrivent pas à se mettre à la place des citoyens. Il faut tout faire pour comprendre leurs difficultés. Ça ne s'apprend pas dans les dîners en ville parisiens. Les campagnes électorales servent à cela, s'immerger, s'imprégner. Tout le problème est de savoir se mettre à la place des Français et les comprendre[1]. »

---

1. Entretiens du 6 et du 9 octobre 2021.

Le candidat répond à mes questions par téléphone, alors qu'il roule entre deux rendez-vous dans un SUV *made in France* aménagé en bureau mobile pour aller de ville en ville, presque une seconde maison : « Cela veut aussi dire trouver l'occasion de franchir le mur, d'écouter et de parler aux Français. On me dit souvent que j'écoute trop, que je pose trop de questions. Mais il nous faut tenter de briser la glace. Moi, je ne cherche pas à parler uniquement pour convaincre, mais à parler pour comprendre. »

Cela va de pair avec un devoir d'humilité, qui doit aller, selon Bertrand, jusqu'à assumer ses failles : « Il ne faut pas les cacher. Cela vaut aussi pour nos défauts. On est comme on est. Il y a toujours trop d'habillage, de contrôle, en politique. Il faut jouer la carte de la vérité, je suis persuadé qu'on plaît ou on ne plaît pas, avec ses qualités et ses défauts. » Le patron des Hauts-de-France évoque le cas de l'ancien Premier ministre Édouard Philippe, redevenu maire du Havre au début de l'été, après les élections municipales : « Il y a eu un élément fondateur pour lui. Un tournant dans sa relation avec les Français. Ça a été de dire pendant la crise sanitaire qu'il ne savait pas tout. À côté d'un président qui se posait en surhomme, au risque d'apparaître sans aspérités, sans remords et sans regrets. »

Pourtant, l'humilité de reconnaître ses erreurs ou son ignorance est assez rare en politique. On en trouve en quantité inversement proportionnelle à l'hypocrisie, au mensonge et à la trahison, qui semblent fréquents dans ce milieu. Chez toutes celles et tous ceux que j'ai interrogés, les témoignages de petites lâchetés comme de grands mensonges abondent.

David Lisnard, maire de Cannes et alors candidat à la présidence de l'AMF, l'Association des maires de France (à la tête de laquelle il a été élu le 17 novembre 2021), affirme lorsque je le questionne à ce sujet : « Dans ce que je trouve insupportable, il y a toutes les hypocrisies du quotidien. Ceux qui te mentent, les lâchetés, qui ne sont pas propres à la politique, mais que l'on retrouve dès qu'il y a une quelconque forme de compétition. Dès qu'il y a un peu de pouvoir, d'avantages matériels à gagner ou de vanité, nous sommes confrontés à ces attitudes[1]. »

Il cite certains mensonges qu'il trouve « minables », comme ces collègues qui trichent à ses yeux pour des bricoles de la vie quotidienne ou qui mentent sur ce qu'ils font, ceux qui communiquent sur de prétendues participations à des compétitions sportives auxquelles ils ne participent en réalité pas. David Lisnard se veut toutefois optimiste : « Oui, le mensonge en politique, c'est terrible, car cela détruit la confiance, donc le civisme. Heureusement, je connais plus de *gens bien* que le contraire, et j'ai eu la chance de bosser avec des personnes formidables. Mais quelques-uns mentent avec aplomb, et cela suffit à tirer tout le monde vers le bas. Nous sommes alors tous mis dans le même sac.

1. Entretien du 30 septembre 2021.

Quand tu fais face à un menteur, c'est parole contre parole, et aux yeux du public les deux paroles s'annulent. Quand tu affrontes les mensonges, qu'on t'affirme les choses qui sont tout simplement fausses, ça te tire vers le bas. Quelqu'un de sale te salit quand il te touche. » Et c'est ainsi que le mal est fait, et la politique décrédibilisée.

Déconnexion

« Technocrates, c'est les mecs que, quand tu leur poses une question, une fois qu'ils ont fini de répondre, tu comprends plus la question que t'as posée. »

Michel Colucci, dit Coluche

C'est l'une de ces « petites phrases » qui font le sel de la politique et les choux gras des médias, de celles que le public retient et ressasse encore des années plus tard, parce qu'elles auront soudainement semblé donner un sens à ce que l'on pressentait confusément. Nicolas Sarkozy, en son temps, a traîné ses « racaille » et « Kärcher » : ces mots ont dépeint un président droitier, supposément raciste aux yeux de ses opposants, ils lui ont collé à la peau comme le sparadrap du capitaine Haddock, sans que nous puissions nous rappeler réellement quand et dans quelles circonstances ils ont pu être prononcés

Emmanuel Macron a eu son lot de petites phrases parfois malencontreuses (la dernière en date du

4 janvier, dans laquelle il affirme notamment « avoir très envie d'emmerder » les non-vaccinés, n'étant pas des moindres), qui ont tourné en boucle des mois et des années durant. Il en est une que vous aurez entendue des dizaines de fois, à moins d'avoir vécu dans une grotte ces quatre dernières années. Elle a été prononcée le 15 septembre 2018, lors des Journées européennes du patrimoine, au palais de l'Élysée. Il n'est pas inutile de la rappeler, dans son contexte et dans son entièreté, afin de bien comprendre pourquoi elle s'est figée à ce point dans les esprits, dessinant une tendance forte de l'opinion, au point littéralement d'enfermer, presque malgré elle, la personnalité qui en est l'autrice.

Soucieux de se montrer *au contact*, proche des Français venus admirer un joyau de leur patrimoine, entretenu, à coups de millions d'euros, avec leurs impôts, le président dialogue avec un jeune homme de 25 ans. Celui-ci lui explique ne pas parvenir, malgré ses efforts, à trouver un emploi dans le secteur de l'horticulture. Patient, le président répond : « Vous faites une rue, vous allez à Montparnasse, vous faites la rue avec tous les cafés et les restaurants… Franchement, je suis sûr qu'il y en a un sur deux qui recrute en ce moment. Allez-y ! » Il rajoute : « Il y a des métiers qui nécessitent des compétences particulières. Quand les gens ne les ont pas, on les forme. C'est pour ça qu'on investit. Mais après, il y a des tas de métiers. Il faut y aller ! Maintenant, hôtels, cafés, restaurants, je traverse la rue, je vous en trouve ! Ils veulent simplement des gens qui sont prêts à travailler, avec les contraintes du métier. »

Le président répond évidemment à côté du sujet : l'horticulture, jusqu'à preuve du contraire, a bien peu à voir avec la restauration. Pour autant, ce qu'il dit, d'un point de vue factuel, n'est pas erroné : il y a bien, dans le secteur de la restauration, une demande de travail qui peine à trouver preneurs. Mais immédiatement, le passage est tronqué, relayé, retweeté à l'envi : le président a osé prétendre que les chômeurs n'avaient qu'à « traverser la rue » pour trouver du travail. Il ignorerait donc tout de la peine, voire de l'humiliation vécue par des milliers, des millions de travailleurs sans emploi. Pire : il les insulte en sous-entendant qu'ils ne se donnent pas la peine de traverser la rue ! Au royaume de Macron, les chômeurs sont des fainéants. Voilà ce que l'opinion retiendra encore des quelques secondes d'échange, quatre années plus tard.

Le verdict est clair : Macron méprisant, Macron déconnecté. Cette petite phrase tronquée et relayée à l'infini a donc achevé de brosser ce portrait en creux d'un président découplé du réel, laissant le citoyen ébahi, comme à chaque fois – et les épisodes sont légion –, devant une telle déconnexion de ses élites.

J'ai moi-même vécu, de l'intérieur, lorsque j'étais conseillère au cabinet de Manuel Valls à Matignon, l'un de ces épisodes marquants, qui restent gravés dans l'inconscient collectif.

Juin 2015. Manuel Valls est Premier ministre depuis plus d'un an. Sa popularité a perdu le lustre des toutes premières semaines de sa prise de fonction, et le discours qui a fait date, celui du 13 janvier, prononcé devant une Assemblée nationale endeuillée par les attentats contre *Charlie Hebdo* et l'Hyper Cacher – discours qu'il considère lui-même probablement comme l'apogée de sa carrière politique, tant l'émotion partagée a été grande –, se trouve dans le rétroviseur, depuis longtemps.

Le samedi 6 juin, le Premier ministre, chef de la majorité socialiste, prononce un discours devant les militants au congrès du PS à Poitiers. Mais il ne reste pas. Il s'éclipse brusquement et rentre à Paris, avant de sauter dans un Falcon 7X de la République, direction Berlin, pour aller assister à la finale de la Ligue des champions entre le FC Barcelone, son club de cœur, celui de sa ville natale, et la Juventus de Turin. Son escapade berlinoise ne passe pas inaperçue. Manuel Valls botte en touche avec un argument qui remet un jeton dans la machine à polémiquer : « Je vais à Berlin à l'invitation de Michel Platini, qui est le président de l'UEFA. Nous aurons une rencontre, puisque dans un an, nous accueillons l'Euro de football », d'autant plus qu'il retourne le lendemain à Poitiers pour la clôture du congrès. *20 Minutes* chiffre la balade entre 14 000 et 20 000 euros. Le coup est parti, le déchaînement commence. À Matignon, nous voyons la vague monter, et nous rentrons la tête dans les épaules. Ça ne va pas s'arrêter.

L'opposition se déchaîne ! « Carton rouge », tweete dès le dimanche matin la députée européenne sarkozyste Nadine Morano. Thierry Solère, député LR des Hauts-de-Seine à l'Assemblée nationale, dénonce une « indécence », « une faute morale et politique ». Florian Philippot, alors numéro deux en vogue du Front national, ironise sur un « petit caprice footballistique ».

Depuis la finale de Roland-Garros, porte d'Auteuil, Manuel Valls, interrogé sur sa présence dans la capitale allemande, réplique au micro de BFM-TV : « Il y a toujours des grincheux, il y a toujours ceux qui cherchent des débats. Je devais aussi rencontrer Michel Platini, parler de l'avenir de la FIFA [...]. Je travaille beaucoup, je m'engage beaucoup. Et puis de temps en temps, il y a aussi un moment de détente. Il faut que ceux qui critiquent se disent qu'au fond, parfois, il faut être un peu plus optimiste et se dire que le sport, ça apaise, c'est le respect des uns et des autres. »

Pourquoi s'enferrer ainsi ? Difficile de concevoir pire défense, dans un pays où l'immense majorité des Français considèrent que les politiques sont des profiteurs, des sangsues qui se tournent les pouces, voyagent gratuitement dans les avions de la République, se gavent de petits fours et n'affichent jamais le début du commencement d'un résultat.

Le lundi, François Hollande vole au secours de son Premier ministre depuis un sommet du G7 se tenant en Allemagne. Le chef de l'État assure qu'il y avait bien un rendez-vous prévu avec l'UEFA. Patatras, les responsables de l'institution sollicités expliquent que rien de tel n'était noté à l'agenda. Ni compte rendu ni communiqué ? Rien n'est publié dans la foulée, comme c'est l'usage à l'issue de ce genre de rencontre.

Mes collègues et moi-même nous interrogeons : comment faire cesser le supplice chinois ? Il se poursuit le lendemain. Et là, les choses s'enveniment. Les conseillers les plus téméraires ne cessent de dire au Premier ministre de changer de discours, de reconnaître son erreur, de faire son mea culpa, profil bas ; mais, homme de tempérament, il reste persuadé d'être dans son bon droit, se cabre, refuse de céder un pouce à cette bouffée médiatique qui finira bien par retomber.

Mardi, nouveau rebondissement : BFM-TV révèle que deux des enfants de Manuel Valls se trouvaient avec lui à bord de l'avion. Le cabinet du Premier ministre ne dément pas, mais assure que leur présence n'a strictement rien coûté de plus. C'est le pompon. L'affaire devient intenable.

La polémique est hors de contrôle. Il n'en faudrait pas beaucoup plus, avec une opposition hystérisée et des médias en mode rouleau compresseur, pour la transformer en affaire d'État. Manuel Valls, homme de raison, finit par jeter l'éponge et annonce le jeudi – nous sommes cinq jours après le match ! – que, « sensible à la réaction des Français », il assumera la prise en charge du coût du voyage pour ses enfants – 2 500 euros, soit le tarif moyen d'un vol commercial pour deux personnes sur les trajets Paris-Poitiers, Poitiers-Berlin, puis Berlin-Poitiers.

L'une de mes collègues se souvient : « Je garde un souvenir cuisant de cette polémique sur l'aller-retour de Valls à Berlin. Un avion affrété aux frais de l'État, en plein congrès du PS, qui plus est ! Notre cabinet l'a pourtant alerté fermement depuis des semaines, dès que la séquence a été planifiée à l'agenda, et de nombreuses fois ! Nous n'avions pas été les seuls à le mettre en garde, puisque certains poids lourds du PS comme Jean-Christophe Cambadélis, le premier secrétaire en personne, s'en étaient mêlés. Le danger, à mes yeux, n'était pas tant d'aller sur place : pourquoi pas, Valls invité par Platini pour une finale européenne du FC Barcelone, ça se défendait. Mais c'est son souhait d'y aller en douce en avion, un aller-retour qu'il pensait pouvoir cacher, en plein congrès du PS, qui nous a explosé au visage et causé beaucoup de tort. Les journalistes et l'opinion publique ont ressenti, légitimement, une dissimulation manifeste, et de la cachotterie de sa part. Il était devenu purement impossible de se justifier, d'imposer un autre récit que celui d'un homme déconnecté, dissimulateur, profitant de l'argent public pour son bon plaisir. »

Comment Manuel Valls, rompu à la communication – il débuta comme responsable de la communication au cabinet de Jospin, alors Premier ministre –, connaissant par cœur le système médiatique et ses emballements, a-t-il pu se laisser piéger ? L'hubris, le sentiment de toute-puissance, y sont sans doute pour une part. Mais il ne faut pas négliger une autre dimension humaine essentielle à la compréhension de ce fiasco : un père voulant faire plaisir à ses enfants ; un passionné de foot, aussi, consacrant seize heures par jour, voire plus, à une fonction parfois aride et ingrate, et jugeant légitime de « se faire plaisir » de temps à autre… Reste que, lorsqu'on est un élu de la République, il ne peut plus y avoir de moment volé, plus de père, pas davantage de fan de foot. Il ne peut y avoir que la rigueur sacrificielle du serviteur de l'État.

Les symptômes, légitimes ou procédant simplement de malentendus, de la déconnexion des élites abondent. À l'image de ces mots, acronymes et autres expressions qui gangrènent le discours politique comme la communication publique – qui n'a pas connu le désarroi du contribuable ne parvenant pas à décrypter un courrier des impôts, ou de l'ayant droit ne parvenant pas à comprendre le périmètre de ses droits les plus élémentaires ? Si bien que certains services de l'État, à l'image de la préfecture de l'Aude, ont dû publier des dictionnaires et glossaires pour aider nos concitoyens à traduire leur propre langage… On y trouve notamment, par dizaines, ces acronymes qu'affectionne tant l'administration : CADA (centre d'accueil des demandeurs d'asile), CAE (contrat d'aide à l'emploi), CAPTV (centre antipoison et de toxicovigilance), PAF (police aux frontières), PDASR (Plan départemental d'action et de sécurité routière), PAI (point d'accueil des impliqués), EAD (éthylotest antidémarrage), EMDS (état-major de sécurité), ERP (établissement recevant du public), etc., etc. On emploie désormais des personnes à déchiffrer ce que leurs propres collègues s'emploient à embrouiller…

Nous peinons à comprendre ce que dit l'État, bouffi de complexité technocratique, et les élus ne sont pas en reste. Soucieux de se faire comprendre, ils sont de plus en plus nombreux à prendre le contre-pied de cette folie bureaucratique, et à adopter des mots simplistes, voire des expressions familières, pour « faire peuple ». Là encore, quelle erreur ! Ils n'ont pas compris que la proximité n'avait rien à voir avec le mimétisme, et que nous n'attendons pas des élites qu'elles nous ressemblent, mais plutôt qu'elles nous élèvent, nous considèrent et nous honorent. Le succès immédiat d'un Éric Zemmour, ou du tribun hors norme que peut être Jean-Luc Mélenchon, tient en partie à leur prétention à parler histoire ou philosophie.

L'apparente déconnexion de nos élus est amplifiée par deux autres phénomènes. D'abord, leur rapport biaisé au temps : lorsqu'un haut responsable national se voit affublé d'un chauffeur, de secrétaires, voire de gardes du corps et autres personnels visant à le soulager de toute contingence matérielle susceptible de le détourner de sa noble tâche, son rapport à l'espace et au temps s'en trouve profondément altéré. Plus besoin de faire les courses, de se préoccuper de la garde des enfants ou d'aller chercher un vêtement chez le teinturier. Les distances sont raccourcies par l'utilisation d'un gyrophare, les files d'attente inexistantes – on ne commence pas une représentation sans le ministre. Toutes ces contraintes petites et grandes qui font notre quotidien s'évaporent, et avec elles une partie de la capacité du responsable politique à comprendre ses concitoyens.

Deuxième élément qui amplifie la déconnexion : le tourbillon médiatique dans lequel tout responsable public évolue aujourd'hui. Le temps politique ne suspend plus jamais son vol, et il faut réagir à tout moment, en tout lieu, au moindre tweet, journaliste inquisiteur ou bandeau de CNews ou BFM-TV. L'obsession avec laquelle les grands élus scrutent les réseaux sociaux ne tient pas uniquement à leur narcissisme : c'est devenu un impératif vital, notamment parce que le citoyen a pris l'habitude d'interpeller ses représentants directement, sans filtre, et attend qu'ils répondent avec célérité.

Dans cette folie contemporaine, la moindre étincelle peut créer un emballement, et un gouffre se creuser entre les préoccupations du citoyen ordinaire et la discussion politico-médiatique du moment. À cette hyperréactivité répond un temps de l'action publique qui, lui, ne s'est pas accéléré : il faut toujours autant de temps pour construire un immeuble ou un pont, et même si les procédures d'urgence se multiplient, on ne discute ni ne vote une loi en une heure. Dès lors, le décalage entre l'annonce – il faut nourrir les médias, avoir l'air d'agir – et l'action se fait toujours plus grand. À peine a-t-on adopté la dernière loi sécuritaire, elle-même présentée des mois plus tôt et qui s'appliquera concrètement des mois plus tard, qu'il faut dérouler un nouveau projet de loi, pour ne jamais être pris en défaut d'immobilisme face aux trafics, à la menace terroriste ou à l'insécurité du quotidien. L'inflation des mots et la vitesse à laquelle se succèdent ces annonces à répétition cherchent à compenser la lenteur des actes, parce que, avant qu'ils ne soient traduits sur le terrain, il faut former nos policiers ou nos professeurs, ce qui nécessite un temps incompressible. Cette fuite en avant ne fait qu'accroître la défiance chez des citoyens qui mesurent au jour le jour l'abîme qui se creuse entre ce qu'on leur dit et ce qu'ils constatent autour d'eux.

Mépris social ou intellectuel

« Je ferai remarquer aux hommes politiques qui me prennent pour un rigolo que ce n'est pas moi qui ai commencé. »

Michel Colucci, dit Coluche

S'il est un homme politique qui porte sur lui l'accusation de mépris intellectuel ou social, c'est bien Emmanuel Macron. Ce président de la République, jeune et « disruptif », aura incarné durant la première moitié de son mandat, pour une large frange de la population, cette élite arrogante, passée par les meilleures écoles, et la première d'entre elles, l'ENA, ces personnalités assurément coupées du peuple et du réel. Il n'a d'ailleurs pas attendu d'être à l'Élysée pour s'illustrer sur le terrain. Septembre 2014, le novice alors fraîchement nommé ministre de l'Économie de François Hollande, interrogé sur le pouvoir d'achat par Jean-Pierre Elkabbach sur Europe 1, affirme que les employées de l'abattoir breton Gad sont

« pour beaucoup illettrées ». Le qualificatif, ravageur, va le poursuivre longtemps.

Et pourtant, ce jour-là, l'apprenti politique croyait prendre fait et cause pour ces dames en mal de formation, et de moyens, pour s'offrir un permis de conduire, afin d'aller « travailler à cinquante ou soixante kilomètres ».

Peu importe le propos, le contenu des idées, l'engagement, les excuses presque immédiates, le jeune ministre à cet instant ne trouve pas les mots justes. Pire : ce petit air à la OSS 117 version Jean Dujardin n'a qu'un seul effet, celui d'électriser les foules. Il y a avec le recul, dans cet épisode maladroit, apparemment anodin, le germe de ce qui sera, quatre ans plus tard, la crise des Gilets jaunes, mouvement social inédit, spontané, parti d'un présupposé de mépris de classe.

La bizarrerie avec ce président « en même temps » vintage et moderne est sa capacité à se gâcher en électrisant inutilement les foules, au gré d'assertions que chacun jugera tantôt évidentes, tantôt odieuses. Le mercredi 29 août 2018, le fringant chef de l'État français, dans un élan d'euphorie sans doute non maîtrisé, devant la reine du Danemark, chez elle, salue ce peuple danois « qui n'est pas exactement le Gaulois réfractaire au changement ». Cette charge contre l'essence même de l'esprit français va lui coûter cher, au pays d'Astérix et Obélix.

Pour autant, avait-il réellement tort ? J'ai éprouvé le besoin de dépasser le jugement collectif communément admis, cette évidence raisonnable qui ne nécessite en aucune façon une contre-visite tant le récit est désarmant, voire accablant. J'ai longtemps remisé ces gaffes monumentales au rayon d'un coupable amateurisme. Et pourtant. Qui se cache derrière l'homme de pouvoir capable de braquer un pays entier, avant d'aller le rattraper comme pour se faire pardonner d'avoir exprimé de coupables vérités, celles qui sortent de la bouche des enfants ?

Question posée à l'un de ses proches collaborateurs de l'ombre, lové dans un bureau du « Château », soucieux de protéger son champion et terriblement conscient que parler, même en bien, c'est un peu mourir. Le mystérieux conseiller, sous le sceau d'un absurde secret, vole au secours de son patron : « Il y a un énorme décalage entre l'image qu'Emmanuel Macron renvoie et le réel. Le paroxysme de cet extraordinaire malentendu restera la douloureuse crise des Gilets jaunes[1]. »

Une gorge profonde élyséenne, que je rencontre dans une brasserie parisienne des beaux quartiers, finit par se lancer : « Je sais que c'est compliqué à écrire, mais en réalité, il est ultra-sympa, potache, surtout pas dans le mépris. Il avait une vie simple avant d'entrer en politique. »

Comment en arrive-t-on alors à un tel décalage ? Le récit de cet observateur de l'intérieur, sans doute admiratif et un brin militant, offre toutefois un prisme de lecture qui mérite d'être entendu : « Quand vous êtes un ancien banquier, qui assume de supprimer l'ISF et pique sa place à une classe politique et médiatique détestée, forcément

1. Entretien du 15 septembre 2021.

vous êtes une cible à abattre. Ça, c'est purement structurel. Mais il y a ensuite ce qui relève du pilotage de l'action publique. Cela paraît difficile à admettre, mais par-delà les décisions prises, c'est précisément là que des erreurs sont commises. »

Sont-elles le fait du seul Emmanuel Macron ? Le conseiller évalue la portée de la question et poursuit : « Rarement de son fait. Je prends l'exemple des APL, baissées de cinq euros en juillet 2017, pour économiser tout au plus quelques centaines de millions d'euros : cette mesure, en vérité, n'a jamais été validée par l'Élysée. Quand elle est remontée aux politiques, il était trop tard. Et là, vous le payez cash. Même histoire pour la taxe carbone : Emmanuel Macron a la volonté de lâcher du lest, mais Édouard Philippe bloque. Quand Matignon recule, il est trop tard. En réalité, et quels que soient les décideurs au pouvoir, dans ce type de décisions, le système administratif reste très difficile à bouger. Il vous faut quasiment descendre au niveau du chef de bureau ! Ce qui alimente l'incompréhension. Vous pouvez inventer toutes les maisons France services, cela n'arrive pas sur le terrain, car il y a des blocages de partout. »

À écouter ce fidèle conseiller, il n'y aurait donc aucun péché d'arrogance ou mépris intellectuel et social de la part d'Emmanuel Macron ?

« Son parler cash lui a coûté cher à plusieurs reprises. Il tient à son identité transgressive. Et pourtant, ses propos, si vous relisez les séquences en entier, sont rarement durs. Mais les phrases qui en sont extraites peuvent être mal comprises et détournées. Le costard aura été positif, transgressif, mais cela s'est retourné contre lui par la suite, car on n'attend pas la même chose d'un candidat que d'un président. » Référence à un autre épisode qui a précédé son élection : le ministre de l'Économie sous le quinquennat Hollande se rend à Lunel, dans l'Hérault, une ville régulièrement citée dans les médias pour ses candidats au jihad partis en Syrie. Emmanuel Macron, qui vient de fonder En marche !, veut dialoguer avec des jeunes étudiants en numérique, mais deux manifestants contre le projet de « loi travail » lui barrent la route. L'échange prolongé est vif. Le futur candidat à la présidentielle perd patience et balance aux deux grévistes, sous l'œil des caméras télé : « Je n'ai pas de leçons à recevoir. Si vous ne voulez pas que la France soit bloquée, arrêtez de la bloquer. » Puis il ajoute, franchement agacé par leur repartie contre l'utilisation par le gouvernement du 49-3 : « Vous n'allez pas me faire peur avec votre t-shirt. La meilleure façon de se payer un costard, c'est de travailler. »

Le « costard », les « illettrées », « traverser la rue », la sémantique présidentielle, ancrée dans les esprits, répétée à l'envi dans les médias, aurait dû lui être fatale. Mais lentement, la défiance s'est retournée.

Le noyau de détestation, aux yeux de son conseiller à l'Élysée, après le paroxysme des Gilets jaunes, s'est révélé plus faible qu'avant. Le collaborateur poursuit ses confidences : « Il a d'abord mis de l'eau dans son vin. Il y a eu ensuite l'effet Grand Débat national, qui restera, quoi qu'en disent ses détracteurs, un moment important. Et enfin, et c'est central, ses allocutions lors de l'épidémie de Covid-19 auront compté, parce que quarante millions de Français les ont suivies à chaque fois, et parmi eux, des gens qui ne s'intéressent jamais à la politique en dehors de la présidentielle. Ils ont alors vu d'eux-mêmes, directement, un Macron qui faisait ce qu'il pouvait, qui semblait posé, rationnel, humain. Tout sauf méprisant, bien au contraire. C'est cela qui a désamorcé la défiance. » Un propos que viennent nuancer certaines sorties récentes du président, dont celle du 4 janvier hostile aux non-vaccinés.

La fonction présidentielle oblige à gommer ses propres aspérités, parce que le chef de l'État se doit *in fine* de rassembler et d'apaiser. Le président Emmanuel Macron a manifestement décidé que le candidat ne devrait pas renoncer à cliver… Néanmoins, pour le président, comme l'explique son entourage, la transgression doit se situer ailleurs que dans les mots, dans la radicalité des politiques publiques portées. La suppression de l'ENA en est un exemple, à haute charge symbolique, censé dépeindre un chef de l'État qui tente de résister à la machine en imposant sa volonté et en portant des mesures quelque peu disruptives.

Le conseiller de l'Élysée m'emmène alors sur le terrain de l'humain : « L'histoire d'Emmanuel Macron est celle d'un ambitieux à qui rien ne résiste, énarque, banquier de haut vol, ministre de l'Économie, président de la République. Par définition, ce mec brillant et conquérant ne peut être qu'énervant. Sa trajectoire frustre énormément les gens, il y a une disjonction entre sa réussite et la nôtre. Il renonce à sa retraite, en mettant fin au régime spécial des présidents de la République à compter de 2022, pressentant que les Français avaient besoin de voir que leurs dirigeants se font mal, que l'effort commence par eux. Il n'a pas de failles. Or ce sont elles qui rendent humain. Macron pense qu'un président n'a pas à faire part de ses états d'âme. Son histoire avec Brigitte restera un élément central, puissant, constitutif de son évolution, et une épreuve également, parce qu'il a démarré sa vie en affrontant le regard de la société amiénoise. Cette histoire-là l'a définitivement rendu plus fort. »

Emmanuel Macron, de l'avis de ses proches, par-delà la crise des Gilets jaunes et la si difficile gestion de la crise sanitaire, aura été marqué par deux moments particulièrement difficiles dans l'exercice du pouvoir : il y a d'abord la mort des deux commandos marine français, les maîtres Cédric de Pierrepont et Alain Bertoncello, tués en libérant quatre otages au Burkina Faso en mai 2019. C'est lui qui a donné l'ordre de les envoyer, et cette décision a été très dure à assumer.

Il y a ensuite l'assassinat de Samuel Paty, le professeur d'histoire-géographie décapité le 16 octobre 2020 par un terroriste islamiste, peu après être sorti de son collège de Conflans-Sainte-Honorine. Le chef de l'État a vu la famille de Samuel Paty juste avant la remise de la Légion d'honneur à titre posthume. Il lui a fallu trouver les mots justes, alors que le terroriste avait fait référence au discours des Mureaux contre les séparatismes, prononcé deux semaines auparavant par le chef de l'État. Comment ne pas culpabiliser ? Celui à qui l'épreuve du pouvoir n'a semblé donner aucune ride ni cheveu blanc, alors que son Premier ministre Édouard Philippe se transformait sous nos yeux, est apparu comme marqué physiquement lors de la cérémonie d'hommage national à la Sorbonne.

Au fond, Emmanuel Macron, avant son élection surprise en 2017, n'a pas connu la traversée du désert de ses aînés en politique, analyse l'un de ses soutiens : « Il est lisse, il n'est pas du tout couturé de partout. Il n'a jamais été dans le creux de la vague, or les gens aiment bien les élus un peu cabossés. Il est le premier président à ne pas avoir connu de grandes difficultés, aux yeux des Français en tout cas, jusqu'aux épreuves endurées à l'Élysée. Il portait un diagnostic très dur sur le monde politique. Mais les actes qui ont suivi n'ont pas permis de réconcilier durablement les Français avec la politique. Il a voulu les réconcilier par l'efficacité. »

L'élection triomphale d'Emmanuel Macron en 2017, et les années difficiles qui ont suivi, soulignent un paradoxe très français : nous voulons des élus exemplaires en tout, qui n'ont pas de loisirs, ne vont pas dans les restaurants de luxe, ne partent pas en vacances dans des lieux de rêve, même ceux accessibles à des revenus modestes, des représentations zéro défaut, jamais en dehors des clous, sans faille. Nous voulons qu'ils n'aient pas « traîné » en politique, mais quand, comme Emmanuel Macron, ils apparaissent de façon fulgurante, on le leur reproche également. Et quand l'homme supposément parfait, irréprochable, porteur d'un message de renouveau, envié à l'étranger, accède enfin au pouvoir, nous n'arrivons pas à nous identifier à lui, nous aimons même le détester, du moins pour une partie de l'opinion publique. Parce que pour que l'on s'identifie à vous, il faut montrer des failles, être humain, tout simplement.

Corruption et passe-droits

« Vous savez que les hommes politiques et les journalistes ne sont pas à vendre. D'ailleurs, on n'a pas dit combien. »

Michel Colucci, dit Coluche

Les « affaires » qui se succèdent avec une régularité affligeante, année après année, ont contribué à ancrer toujours plus profondément dans l'esprit collectif l'idée que « la plupart des hommes et femmes politiques sont corrompus », à laquelle 62 % des Français souscrivent aujourd'hui, selon Ipsos.

Il faut dire que les exemples spectaculaires ne manquent pas. Il suffit de ne regarder que les responsables politiques condamnés, à un moment de leur parcours ou durant leur retraite, à de la prison ferme : nous avons évidemment tous en tête la condamnation, en novembre 1995, de Bernard Tapie, homme d'affaires flamboyant, ministre de la Ville sous François Mitterrand, à deux ans d'emprisonnement, dont huit mois ferme, et trois ans d'inéligibilité, pour complicité de corruption et subornation de témoins dans l'affaire dite du match truqué OM-Valenciennes. Après cent soixante-cinq jours de prison, l'ancien *boss* du club de football marseillais bénéficie d'une libération conditionnelle. Suivront deux autres peines de prison ferme pour fraude fiscale, entre 1997 et 2005, puis l'interminable procès lié à l'arbitrage Adidas-Crédit lyonnais. Bernard Tapie, décédé d'un cancer le 3 octobre 2021, fera l'objet d'un hommage national dont la couverture sera digne d'un chef d'État.

Avançons dans le temps. Il y a, en 1996, la condamnation de l'ancien maire de Grenoble Alain Carignon à cinq ans de prison dont quatre ferme. Il purge finalement vingt-neuf mois. Ou celle en 2005 de l'ex-maire de Cannes de 1989 à 1997, Michel Mouillot, à six années de prison ferme, dans une affaire de pots-de-vin demandés à des casinos. Il bénéficie d'un régime de semi-liberté après trois années passées derrière les barreaux.

Plus proche de nous, l'ex-ministre de l'Intérieur de Nicolas Sarkozy, Claude Guéant, se voit infliger en janvier 2017 deux ans de prison, dont un avec sursis avec mise à l'épreuve, pour complicité de détournement de fonds publics et de recel lié à ce délit, peine confirmée par la Cour de Cassation en 2019 et qui a donné lieu à des rebondissements liés au non-paiement de son amende de 75 000 euros fin 2021. En l'occurrence, il se serait versé chaque mois, entre 2002 et 2004, et alors qu'il exerçait les fonctions de directeur de cabinet de Nicolas Sarkozy, 5 000 euros en plus de son salaire, qui s'élevait déjà à

8 000 euros, sans compter ses indemnités de 2 200 euros. De quoi choquer une France qui a du mal à boucler ses fins de mois. Le salaire net mensuel médian en 2021, chez les salariés du privé, est inférieur à 2 000 euros.

Autre condamnation, celle de l'ancien secrétaire d'État et ministre délégué au Tourisme de Jacques Chirac, Léon Bertrand, dans deux dossiers distincts : en 2017, trois ans de prison ferme pour corruption passive et favoritisme dans le cadre de marchés publics ; en 2018, pour abus de biens sociaux. Il bénéficie d'une libération sous surveillance électronique au bout de huit mois, en avril 2019.

La même année 2018, c'est au tour de Jérôme Cahuzac, ancien ministre du Budget de François Hollande, d'être condamné à quatre ans de prison, dont deux avec sursis, pour fraude fiscale, au terme de longues années de révélations successives et de disgrâce. Il échappe à l'incarcération, en bénéficiant d'un aménagement de peine avec obligation de porter un bracelet électronique. L'affaire, sur fond de ras-le-bol fiscal consécutif à la flambée des impôts au début du quinquennat Hollande, a constitué un véritable électrochoc politique. L'ampleur de l'indignation populaire provoquera une série de mesures dites de « moralisation de la vie publique », qui vont se poursuivre lors du quinquennat Macron. Près de deux quinquennats plus tard, Jérôme Cahuzac vit replié sur les siens, dans une modeste maison familiale au sud de la Corse. Abandonné de tous, et surtout de ceux qu'il a servis. Il a longtemps fait face, même s'il a payé sa dette à la société, à des agressions verbales. Victime expiatoire, il a pourtant jusqu'à présent choisi de taire la part d'ombre qui est moins celle d'un homme que d'un système politique. Jusqu'à quand...?

Dans le gotha du personnel politique épinglé par la justice, citons l'exemple haut en couleur de Patrick et Isabelle Balkany[1]. Nous reviendrons plus loin sur cet exemple tant médiatisé avec une visite au couple infernal dans son moulin de Giverny, et l'étonnant témoignage de l'ancienne première adjointe au maire de Levallois-Perret, très ferme sur sa vision de la vie politique et du service apporté aux citoyens.

La liste des condamnés s'allonge : juin 2020, François Fillon, ex-Premier ministre et candidat catastrophe des Républicains à l'élection présidentielle en 2017, cinq ans dont deux ferme, 375 000 euros d'amende, dix ans d'inéligibilité, pour des emplois fictifs, notamment celui de sa femme. Le feuilleton de la campagne de 2017 reste une blessure profonde qui marque encore la famille de la droite républicaine. L'affaire, au moment de la rédaction de ce récit, est toujours en cours, le couple Fillon ayant fait appel du jugement. L'ironie de l'histoire est que François Fillon – auteur le 28 août 2016, dans son fief de Sablé-sur-Sarthe, de la tirade assassine « Qui imagine le général de Gaulle mis en examen ? », missile alors lancé en direction de Nicolas Sarkozy – est celui-là même qui, avant d'être emporté par le torrent des révélations et des affaires, avait battu au deuxième tour de la primaire à

1. Entre autres définitivement condamnés en mars 2020 à respectivement quatre et trois ans de prison pour fraude fiscale.

droite un Alain Juppé que tous les sondages désignaient comme futur président. Lui qui en 2004 avait également été condamné à quatorze mois de prison avec sursis et un an d'inéligibilité pour prise illégale d'intérêts dans l'affaire dite des emplois fictifs de la Ville de Paris. Ce qui lui a valu un exil au Québec, avant de revenir une fois sa peine purgée, en 2006, au tout premier plan de la vie politique nationale, bel exemple de rédemption réussie, avant une résurrection finale empêchée au seuil de l'Élysée.

Autre ancien Premier ministre condamné, Édith Cresson a été reconnue coupable de favoritisme en 2006 par la Cour de justice européenne, pour avoir engagé un proche comme membre de son cabinet alors qu'elle était commissaire européenne.

Clef de voûte de nos institutions, le président de la République lui-même n'échappe pas à la sanction judiciaire : après Jacques Chirac en 2011, qui écope de deux années avec sursis pour détournement de fonds publics, abus de confiance et prise illégale d'intérêts lui aussi dans l'affaire des emplois fictifs de la Ville de Paris, Nicolas Sarkozy est condamné en mars 2021 à trois ans de prison dont un ferme, pour corruption et trafic d'influence dans l'affaire dite des écoutes (il a fait appel de cette décision).

Chacune de ces affaires – et nous ne citons pas ici les dizaines de condamnations moins médiatiques, ou dont les peines encourues ou infligées sont moindres – a contribué à ébranler, si ce n'est annihiler notre confiance dans le « système » politique. Loin d'y voir la preuve que les plus hauts responsables publics ne sont pas au-dessus de nos lois, ni à l'abri de la sanction, nous sommes nombreux à n'y voir que la preuve du pourrissement du système, un système politico-médiatique où les plus forts s'enrichissent forcément, y compris illégalement, au détriment des plus faibles. Le sentiment d'impunité des politiques n'est entamé par aucune condamnation, si spectaculaire soit-elle.

Pourtant, à bien y regarder, une question se pose : nombre d'entre eux n'ont-ils pas été plus durement sanctionnés qu'un citoyen ordinaire ne l'aurait probablement été pour des faits similaires ? L'on pourra le justifier – mais c'est discutable et discuté – par un devoir d'exemplarité, et une responsabilité accrue incombant à ceux qui occupent les plus hautes fonctions. Reste que l'opinion publique, de fait, n'est jamais rassasiée des sanctions, voire des humiliations, infligées à ses dirigeants corrompus, au point de voir en la justice un instrument de vengeance.

Il n'est évidemment pas nécessaire de mentionner jusqu'à la prison ferme pour illustrer ces entorses à la règle commune ou à la morale qui nous écœurent si souvent. Sans aller jusqu'aux frontières de l'illégalité, les passe-droits, qui nous paraissent à la vérité aussi nombreux qu'inquantifiables, semblent consubstantiels à l'exercice du pouvoir : qui n'a pas en tête tel élu municipal ayant favorisé un proche dans une décision publique, influencé la politique menée en faveur d'un ami, voire bénéficié sur le plan personnel, même de manière indirecte, de son mandat public ?

La tentation d'abuser de la moindre position dominante est une caractéristique profondément humaine : Montesquieu disait en son temps que « c'est une expérience éternelle que tout homme qui a du pouvoir est porté à en abuser ».

Ces comportements sont d'autant plus intolérables aujourd'hui que les réseaux sociaux pointent chaque écart supposé. Difficile désormais d'échapper au regard du public. Peut-être pourrions-nous, à la limite, tolérer qu'une figure aussi illustre que le général de Gaulle détienne un certain nombre de privilèges dont nous, citoyens ordinaires, serions privés. Mais le Grand Charles et son épouse Yvonne évitaient les grandes dépenses de train de vie. Mme de Gaulle, quand ils séjournaient à la Boisserie, allait faire ses courses en 2 CV, avec son cabas, au marché de Chaumont, près de Colombey-les-Deux-Églises. Lui-même ne goûtait guère les réceptions officielles, le faste, l'apparat. Ils étaient, en ce sens, et malgré la crise sociale profonde qui a marqué la fin de la présidence, après Mai 68, proches des Français. Ce modèle indépassable, hérité de la guerre, rend la comparaison impossible. Lorsqu'un élu que nous estimons peu, et dont les résultats ne sont pas au rendez-vous, sort du cadre, le jugement est sans appel.

Une élue locale se souvient d'un président de son département qui avait, en son temps, fait preuve d'imagination pour améliorer l'ordinaire de sa famille[1]. Il avait fait acheter trois berlines luxueuses identiques par sa

1. Entretien du 2 octobre 2021.

collectivité. Elles étaient officiellement destinées au service du président de département, à son directeur général des services et à son directeur de cabinet. Or, l'élu avait prétexté que la possibilité d'une panne ou d'un incident nécessitait qu'un deuxième véhicule lui soit affecté, afin d'assurer un remplacement en cas d'urgence. Lequel véhicule se révéla être utilisé par l'épouse et le fils du président en question. Les voitures étaient ainsi briquées, lustrées, le plein était réglé par le contribuable, et les vitres teintées garantissaient que nul ne se rende compte du tour de passe-passe lorsque le véhicule « privatisé » circulait dans les environs.

Oui, la corruption et les passe-droits existent. Un adjoint au maire d'un arrondissement parisien, interrogé sur les passe-droits dont peuvent bénéficier les élus, souligne à juste titre les injonctions contradictoires auxquelles il est constamment soumis. Comme une invitation à balayer devant notre porte… Car nous ne sommes pas à une contradiction près : « Ils exigent de plus en plus des élus locaux probité, honnêteté, équité et transparence. C'est très bien. Mais les mêmes nous demandent des coups de pouce, des faveurs pour leurs demandes de logement ou de places en crèche. Leur raisonnement est le suivant : "Ce qui s'applique aux autres ne s'applique pas à moi, ma situation est particulière et doit être sortie du lot commun." Il y a là une forme de schizophrénie. » L'adjoint au maire pointe le fait que, pour certains, la règle générale compte moins que ses exceptions, ses dérogations qui forcément doivent prévaloir, sur le mode : « Ça, c'est bien, c'est pour tout le monde et c'est à votre honneur, mais là je vous parle d'un cas à part, très particulier[1]... »

Les passe-droits que nous observons chez nos élus ne sont-ils finalement pas, aussi, un miroir qui nous est tendu, à nous, citoyens ?

1. Entretien du 8 octobre 2021.

Conformisme

Il cadenasse nos débats, aseptise la parole publique. Vous aurez sans doute entendu l'expression dix, vingt, cent fois ces derniers mois : le « politiquement correct ». Il est tantôt le nom d'une morale que d'aucuns – plutôt à droite ou à l'extrême droite – réprouvent. Tantôt le signe d'une professionnalisation de la communication politique, qui tend à uniformiser les looks – la chemise ouverte, sans cravate, n'a plus rien de transgressif depuis longtemps – comme les expressions utilisées ou le débit des paroles. Le « politiquement correct » est aussi le résultat d'une nouvelle donne médiatique imposée par les réseaux sociaux : celle de l'imprescriptibilité de la parole prononcée ou écrite. Tout tweet, toute vidéo, toute photo peut être ressorti à tout moment, pour venir contester un « revirement » forcément signe de trahison, d'insincérité et d'incohérence. Vous pensiez que l'Europe était un beau projet il y a quinze ans et plaidez pour la sortie de l'UE aujourd'hui ? Vous avez voté contre le PACS, mais militez aujourd'hui pour l'ouverture de la PMA à toutes les femmes ? Incohérence, donc duperie ! Mieux vaut donc prendre garde à tout ce que vous écrivez, quitte à ne rien dire…

Cette aseptisation du débat public engendre, dans une partie de la population, une demande accrue de « radicalité » – voilà encore un mot à la mode –, d'originalité, l'exubérance et l'extrémisme en étant venus, par contraste, à être lus comme des signes d'authenticité. Combien de fois, devant un débat retransmis par BFM-TV ou CNews, ne vous êtes-vous pas dit : « Lui, au moins, il dit ce qu'il pense ! », simplement parce que tel ou tel a haussé le ton, ou employé une expression familière, voire insultante ? Alors qu'en écoutant les pontes de la droite, du centre ou de la gauche, les politiques « respectables » – mais si peu respectés, désormais –, vous avez tendance à décrocher au bout de cinq minutes ou à vous demander ce qui distingue vraiment les uns des autres sur le fond…

Les politiques qui ont une certaine ancienneté sont nombreux à en faire le constat : la génération venue au pouvoir avec Emmanuel Macron et souvent formée dans le privé est rompue aux codes de la communication numérique, et n'a pas usé ses fonds de culotte en faisant campagne sur les marchés et dans les réunions publiques. Et par conséquent, elle « manque totalement d'authenticité », selon une vieille routière de la politique. « Beaucoup sont dépourvus de quelque chose dont on ignore les éléments constitutifs, car si l'on savait de quoi il est constitué tout le monde l'aurait : le charisme. Certains peuvent raconter les pires bêtises avec un charisme incontestable, et ça passe, et d'autres disent des choses très intelligentes sans le moindre charisme, et sont inaudibles. Aujourd'hui, les jeunes politiques "n'impriment pas". C'est le règne de la bien-pensance, ils disent tous à peu près pareil. Ils s'habillent pareil, et adoptent les mêmes canons de beauté – notamment les femmes, qui luttent sans répit contre le moindre signe de vieillesse, jusqu'au ridicule[1]. »

« Conformiste », elle ne l'est pas. Elle a même plutôt tendance à bien imprimer, voire trop, quitte à voler la lumière à ses collègues du gouvernement…

Marlène Schiappa est une sorte d'OPNI – objet politique non identifié –, ex-blogueuse devenue ministre de la République, mais qui revendique mille identités et une liberté totale. Ministre déléguée chargée de la Citoyenneté certes, mais aussi un peu romancière, un peu présentatrice TV… Cyril Hanouna, avec qui elle a partagé une émission spéciale Grand Débat national et qui ne tarit pas d'éloges sur son talent, l'imagine bien se reconvertir en animatrice au terme de sa carrière politique. Elle n'a pas hésité un instant à assumer publiquement d'avoir écrit, sous pseudo, des livres érotiques, revendiquant le droit d'« explorer le champ de la sexualité féminine ».

Courage ou culot monstre ? Sans doute un peu des deux. Marlène Schiappa ne laisse en tout cas pas indifférent, et n'est pas du genre à se laisser marcher sur les pieds.

1. Entretien du 12 octobre 2021.

Il y a un an, à la fin de l'année 2020, un ex-collègue m'a proposé d'intégrer ses équipes, pour un nouveau projet de lutte contre la radicalisation et le terrorisme. J'avais vécu les attentats de *Charlie*, de Nice et du Bataclan depuis Matignon. Je n'ai donc guère tergiversé : j'ai engagé le processus de discussion afin d'intégrer le ministère de l'Intérieur.

Je venais juste de publier un essai dénonçant les travers de la haute administration[1], et m'attendais à être *persona non grata* dans l'appareil d'État pour un bon moment. Bien qu'ayant reçu les félicitations de nombreux hauts fonctionnaires, je savais bien que la pilule n'était pas passée chez beaucoup d'autres, qui avaient vu dans mon livre une tentative de mettre à bas « ceux qui tiennent encore le pays debout ». Ne souhaitant pas que mes propos viennent porter préjudice à mes potentiels futurs employeurs, j'avais donc signalé ce potentiel point de blocage à mes interlocuteurs, qui m'avaient assuré que la ministre Marlène Schiappa, dont dépendait le service en question, trouvait l'idée de mon recrutement excellente, et se ferait fort de me défendre auprès des hauts fonctionnaires si besoin était. J'avais trouvé cette position d'autant plus courageuse que rares sont les ministres à tenir tête à leur administration, qui plus est pour des personnes qui, comme moi, ne sont pas marquées « macronistes ».

Au bout de plusieurs semaines, et alors que nous étions sur le point de signer mon contrat de travail, j'ai

1. *Les Inamovibles de la République*, L'Aube, 2020.

reçu un appel étrange : tu t'apprêtes à publier un essai sur la démocratie, me dit-on en substance. C'est un problème. Consciente de la gêne de mon interlocuteur, je rétorque qu'il s'agit d'un essai de science politique, et non d'un pamphlet, et que je compte alerter sur l'affaiblissement de notre démocratie, sujet d'intérêt général et constat que je crois partagé par la ministre et de nombreux membres du gouvernement, comme par une bonne partie de la classe politique. On me fait alors comprendre que le combat politique pour m'imposer contre la haute administration a été rude. Que l'on ne peut prendre, en plus de cela, le risque de nouvelles polémiques, qui pourraient être instrumentalisées contre la ministre. Je comprends que sa capacité à protéger ma liberté de parole touche à ses limites, et qu'il me faudrait renoncer à mon essai. Je décline alors l'offre, à regret, mais sans aucune hésitation.

Si même un personnage atypique comme Marlène Schiappa, que l'on ne peut soupçonner de se laisser emprisonner par une administration vermoulue et sclérosée, ne parvient pas à casser les codes… Craignait-on que je sois potentiellement trop libre, donc incontrôlable, et par conséquent dangereuse… ? C'est en tout cas ce que l'on me fait comprendre. Je ne rentrais manifestement pas dans les bonnes cases.

Un exemple de plus de ce système qui pousse au conformisme et ne tolère dans l'appareil d'État que des godillots, ayant tous le même parcours, les mêmes idées, les mêmes profils. La lutte contre le terrorisme ne mériterait-elle pas d'oser sortir des sentiers battus ?

Sexisme et discriminations

Le mouvement #MeToo n'a pas épargné la sphère politique. Au contraire. Les témoignages d'agressions, d'intimidations, d'abus de pouvoir se sont multipliés depuis cinq ans. Les choses progressent, sans doute, tout comme elles bougent dans le monde des médias ou du cinéma. Reste que le chemin à parcourir est encore long, comme le suggère cette ex-collaboratrice d'élu et conseillère d'un Premier ministre et de plusieurs ministres successifs :

> Quelques semaines seulement après avoir quitté mes fonctions dans un cabinet ministériel, je me retrouve en premier rendez-vous professionnel avec des parlementaires, pour le compte de mon nouvel employeur, une association. Il se trouve que, dans la même semaine, j'avais un rendez-vous avec un député, puis un autre, avec un sénateur.
> En tant que femme, je n'avais jamais vécu de faits de harcèlement sexuel, ni même de pressions déplacées effectuées par des hommes dans ma vie précédente. Ni de la part des ministres et autres élus avec lesquels j'avais travaillé

par le passé, ni de la part de personnes extérieures avec qui j'étais en contact quotidien.
Eh bien, cette même semaine, j'ai eu littéralement droit à des avances lors de chacun de ces deux rendez-vous. L'un avait ouvert une bouteille de champagne à 11 heures du matin et m'attendait seul dans son bureau pour la boire avec lui. Il a insisté lourdement pour que je boive, alors que je demandais un verre d'eau. L'autre m'a carrément demandé d'aller faire le rendez-vous non pas dans son bureau de parlementaire, mais d'aller boire un verre dans un bar à côté. Cette concomitance et le fait que cela soit si proche du moment où je venais de passer de l'autre côté de la barrière en arrêtant de travailler en politique m'ont beaucoup questionnée. J'étais déjà féministe, mais j'ai acquis la conviction ce jour-là que le problème était systémique et qu'il fallait tout changer, à commencer par la place des femmes et la manière dont elles occupent l'espace public. Les révélations et le combat de #MeToo quelque temps après ont encore accentué ce sentiment[1].

Le sexisme en politique ne se limite pas aux cas manifestes de harcèlement. Il est un état d'esprit, un deux poids, deux mesures auquel de nombreuses responsables politiques se trouvent encore soumises. Interrogée sur ce qu'il ne faudrait pas faire en politique, Anne Hidalgo, candidate socialiste à la présidentielle, rappelle en souriant une anecdote qui lui vient spontanément à l'esprit : celle

1. Entretien du 10 octobre 2021.

de l'inauguration de la piscine Joséphine-Baker, en 2006, quand elle était première adjointe de Bertrand Delanoë, et régulièrement présentée comme une potiche. « J'étais en robe et en collants, quand soudain… se dresse devant moi ce qui m'est apparu comme un obstacle infranchissable, tout du moins avec cette tenue : un pédiluve. Nous avons ri. Mais… j'ai aussi senti des regards soulignant le caractère inapproprié de mon choix vestimentaire, me rappelant que, comme toutes les autres femmes en politique, je devais redoubler de vigilance, car rien ne serait jamais évident, même ce qui aurait pu être le plus léger des moments[1]. »

La politique est-elle plus difficile lorsqu'on est une femme ? Par certains aspects, c'est incontestable. Lorsque je travaillais pour Jean-Marc Ayrault à Matignon, aurait-on osé me laisser plusieurs semaines dans un véritable placard à balais si j'avais été un homme ? C'est ce qui s'est produit quand il s'est agi de retaper certains bureaux de l'aile dans laquelle je me trouvais. Je me suis vu attribuer un cagibi, sans fenêtre, de quelques mètres carrés à peine, juste la place pour caser deux bureaux et deux chaises, une pièce qui n'en était même pas une. Si j'avais été de sexe masculin, car les hommes ont évidemment été mieux lotis, et si je n'avais pas eu vingt-cinq ans à l'époque, je n'aurais pas été traitée de la sorte. Au piquet, la gamine !

1. Entretien avec Anne Hidalgo du 11 octobre 2021.

Ce qui est certain, c'est que, sous le règne suivant, celui de Manuel Valls, si le directeur de cabinet n'avait pas été une directrice, elle n'aurait probablement pas revalorisé mon salaire pour l'aligner sur celui de mes collègues masculins de même niveau hiérarchique. Ce qui équivalait à une hausse de près d'un tiers de ma fiche de paye... Dommage que cela ait eu lieu quelques mois seulement avant mon départ de Matignon, alors que j'avais déjà œuvré depuis... quatre ans, soit au moment où elle découvrit ma rémunération presque par hasard. Ces injustices-là existent en politique, elles sont monnaie courante dans le privé aussi. Les écarts de salaires avec nos collègues masculins, à compétences égales bien sûr, restent à mon sens l'un des principaux affronts faits aux femmes.

Mais les choses ne sont jamais noires ou blanches. Un de mes amis, jeune élu, pointe à juste titre le fait que sa génération est prise en tenailles entre les femmes, auxquelles il faut faire une place – et il trouve cela évidemment tout à fait légitime –, et les vieux routiers de la politique, qui n'entendent nullement céder la leur.

À la télévision, l'exigence de parité a donné un formidable coup d'accélérateur à la visibilité des femmes. « L'égalité femmes-hommes » n'est certes toujours pas atteinte, mais je sais ce que je dois à cet impératif qui s'est imposé dans les rédactions depuis quelques années seulement. Politiste dans un monde où la plupart des patrons d'institut de sondage sont des hommes, j'ai pu accéder rapidement aux plateaux des chaînes d'information en continu lorsque j'ai commencé à publier des analyses, à ma sortie de Matignon en 2017. Cinq ou dix ans plus tôt, personne ne m'aurait donné cette chance, que je ne peux toutefois m'empêcher de porter aussi comme un fardeau. Parce qu'elle s'accompagne d'un doute permanent quant à mes compétences. Je le vois dans les yeux de nombreux interlocuteurs : vous êtes là pour le quota de dames sur le plateau ; la caution féminine du vieux politologue interrogé à vos côtés ; vous êtes jeune, et blonde... CQFD.

Un vieil économiste, un soir, au sortir d'une émission dans laquelle j'avais évoqué mes souvenirs à Matignon, avait discrètement demandé, incrédule, au présentateur : « Mais quel âge a-t-elle ? » Et je ne compte pas le nombre de fois où l'on m'a prise pour la stagiaire de service, ou demandé de qui j'étais l'assistante. Ou encore si j'étais la fille d'Hervé Morin. Ou si j'avais un lien de parenté avec un autre illustre Morin sans l'aide duquel ma carrière ne serait pas concevable.

Je garde un amer souvenir de l'un de mes passages sur LCI. Invitée pour évoquer mon dernier ouvrage consacré au populisme, je devise, quelques minutes avant l'entrée en plateau, dans la loge du maquilleur – première et unique fois où je vois un homme à ce poste – sur le Covid, le port du masque qui est imposé à tous. Mon interlocuteur étant d'un certain âge, je comprends que la perspective d'attraper le virus au contact si proche des invités l'angoisse terriblement.

Soudain, une femme entre dans la pièce, d'un pas assuré, le portable collé à l'oreille. Elle est vêtue comme une rock star, pantalon de cuir noir, lunettes bleutées vissées sur le nez. Et sans masque. Elle fixe le téléviseur accroché au-dessus de nos têtes, ne nous salue pas. Lorsqu'elle raccroche, le maquilleur lui dit aimablement : « Madame, excusez-moi, le port du masque est obligatoire ici. La pièce est petite, pas assez aérée… »

Elle se tourne vers lui, offusquée, et le coupe sur un ton sec : « Ça va, ça ne craint rien ici ! On ne va quand même pas sombrer dans la paranoïa… » Nous n'avons alors pas atteint les cent mille morts du Covid, mais le bilan angoissant des victimes est égrené chaque soir dans les médias, il se chiffre par dizaines de milliers.

« Madame, répond-il faiblement, il y a un panneau là, ce sont les règles qui s'appliquent à tous… » Furieuse, la vedette ouvre son sac et extrait un masque chirurgical qu'elle porte à son visage. À son allure, à son air important, à sa manière de s'adresser à nous comme à des domestiques, je me dis qu'elle doit être au moins P-DG de TF1. Le maquilleur et moi piquons du nez en priant pour qu'elle nous oublie et s'en retourne vaquer à ses occupations.

Peine perdue. « Que faites-vous là ?! » Elle me parle ?

Oui, manifestement, c'est à moi qu'elle s'adresse. Je me raidis. Je me tais. Peut-être que si je l'ignore, elle s'en ira comme elle est venue. Hélas… Non. « Ben, vous ne répondez pas ? Vous allez où ? » N'est-il pas évident que si je suis en train de me faire maquiller, c'est pour rejoindre ensuite le plateau télé ? « Je vais là, dans quelques minutes. Je suis invitée pour parler de mon livre… »

Elle me fixe, interdite. « Mais vous êtes qui ? Vous ne pensez quand même pas que je vous connais ? » s'esclaffe-t-elle bruyamment, avec un sourire moqueur, comme pour dire : « Tu n'es personne, tu ne crois quand même pas que ta réputation est arrivée jusqu'à moi ! »

Vous avez dit sororité, bienveillance…? Sidérée de voir le rapport de force s'inviter jusque dans les coulisses, là où les conflits habituellement s'apaisent et sont mis à distance, je bafouille un improbable « j'ai-écrit-un-livre-sur-le-populisme-mais-vous-n'en-avez-probablement-pas-entendu-parler-ce-n'est-pas-très-important ». Je l'imagine déjà appeler qui de droit pour lui dire d'annuler ma présence à l'émission. La « P-DG de TF1 » doit sans doute le faire d'un simple claquement de doigts. Elle me toise, comme si j'étais une tache de gras sur son canapé blanc, l'air mi-écœuré, mi-narquois. Note à moi-même : suggérer son nom à Craig Gillepsie pour *Cruella II*, si d'aventure Emma Stone ne rempilait pas…

Miracle : à cet instant précis entre à son tour l'attachée de production, qui s'adresse à ma tortionnaire : « Anne, pouvez-vous venir un instant ? » Après une dernière hésitation, me jetant un ultime regard sévère, le fauve se détourne de sa proie, et suit la jeune femme hors de la pièce. Mon désormais complice et moi respirons enfin. Je le questionne à voix basse : « Mais qui est cette femme ? » Le maquilleur l'ignore, l'air las de celui pour qui ces agressions font partie du quotidien.

Retour de l'attachée de production pour m'accompagner en plateau. « Venez Madame Morin, suivez-moi. »

Puis elle me glisse, tout en marchant, d'un ton inquiet :

« Nous sommes vraiment désolés, elle fait ça tout le temps. Quand je l'ai entendue depuis la pièce d'à côté, j'ai essayé de venir vous sauver en l'attirant ailleurs. J'espère que vous ne nous en voulez pas... elle est vraiment spéciale.

— Mais qui est-ce ?

— Anne Nivat ! Elle est chroniqueuse chez David, dans le *24H Pujadas*.

— Ah... »

Ce genre de moment désagréable n'a rien de rare dans le milieu politico-médiatique. Il pourrait être anecdotique, s'il n'avait pas un caractère assez systématique. Certain(e)s ne remisent jamais leurs gants de boxe au vestiaire. Même en coulisses, là où le spectateur imagine la connivence entre les invités. Les rapports de force, aussi inutiles qu'épuisants, sont consubstantiels aux lieux de pouvoir. Que vous deviez avoir le couteau entre les dents 24 heures sur 24, lorsque vous êtes un responsable politique, est hélas une réalité. On peut la déplorer. C'est d'ailleurs une des raisons pour lesquelles j'ai quitté le monde politique. Mais je ne pensais pas retrouver les mêmes rapports de force, les mêmes humiliations, les mêmes petitesses chez une partie de ceux qui gravitent autour des politiques. Ceux dont on attend justement distance et mesure. Qui devraient décrypter les rapports de force, et non pas les initier.

J'apprendrai par la suite que cette journaliste est connue comme le loup blanc dans le milieu des médias : reporter de guerre, lauréate du prix Albert-Londres il y a vingt ans, et accessoirement épouse d'un présentateur vedette. Pas P-DG de TF1, mais pas loin… Je connais un bon nombre de personnes qui ne passent plus les portes, alors qu'elles n'ont que le quart du tiers de son CV.

La lecture de la quatrième de couverture de son dernier ouvrage, publié en 2017 et intitulé *Dans quelle France on vit*, me plonge dans un abîme de perplexité : « À l'heure où les journalistes sont parfois taxés d'arrogance, la reporter de terrain se place à hauteur de ces femmes et de ces hommes côtoyés durant des semaines. » Je repense au maquilleur, à son soupir las. Le système politico-médiatique est-il donc si dur, si pourri, qu'il condamnerait même les meilleurs à s'endurcir pour défendre coûte que coûte leur territoire, quitte à se renier…?

Incompétence, narcissisme, carriérisme et conformisme, corruption et passe-droits… les caractéristiques communément attribuées au monde politique ne relèvent pas que du fantasme. Les exemples évoqués plus haut le démontrent. Pour autant, peut-on dire, comme on l'entend ici et là, que c'était mieux avant ? Que la politique a perdu sa noblesse, et que les générations d'élus précédentes honoraient leur fonction bien mieux que l'actuelle ne saurait le faire ?

Comme toujours, il faut ici se méfier des raccourcis. Car si certains aspects se sont clairement dégradés, au point de rendre l'air politique de plus en plus irrespirable, la politique des débuts de la Ve République, ou même des septennats Mitterrand et Chirac, a souvent été loin de l'engagement désintéressé d'hommes et de femmes d'État, et des grands débats d'idées fantasmés par les nostalgiques invétérés.

« Mais… c'était mieux avant… » Vraiment ?

La rengaine est connue : avant, il y avait en France de véritables hommes d'État. Avant, la politique semblait plus respectable, elle était moins rabaissée, *peoplisée* à outrance. Les déclinistes de tout poil adorent se référer à de grandes figures du passé – les Charles de Gaulle, François Mitterrand, Jacques Chirac –, forcément plus vertueuses, efficaces, visionnaires.

Il suffit pourtant d'écouter les vieux briscards de la politique pour mettre à mal cette nostalgie et se convaincre que les Mitterrand, Rocard, Chirac et autres n'ont pas évolué que dans la pureté d'un engagement désintéressé et fait carrière grâce à la noblesse de leurs idées.

Un chef de cabinet d'un Premier ministre de François Mitterrand raconte cet étonnant souvenir, tout en souriant : ce coffre-fort rempli de billets de banque qui, dans son bureau, servait à tout. Et lorsqu'il a fallu quitter Matignon, l'un des cartons remplis de grosses coupures s'est égaré sur le chemin du parti… Il n'ira pas plus loin dans son récit.

Cet autre vieux routier a vu la politique se transformer pendant les vingt-cinq dernières années, il explique : « À une époque, le financement de la politique par les entreprises était légal. Telle ou telle grande entreprise donnait une ligne de crédit à un parti. Mais certains à côté ne l'étaient pas… et si tu étais parmi les acteurs de ces schémas, il fallait avoir les convictions fermement chevillées au corps pour ne pas être tenté de se servir au passage[1] ! » Lui n'a pas piqué dans la caisse noire et assure bien mieux gagner sa vie aujourd'hui, depuis sa reconversion dans le privé.

Troisième témoignage, encore un acteur de l'ombre, proche il n'y a encore pas si longtemps de Dominique Strauss-Kahn, alors futur candidat à la présidentielle de 2012. Il se souvient : « Des amis à moi, qui avaient de solides contacts en Afrique, connaissant ma proximité avec DSK, étaient venus me demander s'il était vrai que nous sollicitions des chefs d'État africains pour financer notre future campagne. Étonné, j'étais allé poser la question au candidat putatif, qui m'avait répondu, tout aussi étonné que moi : "Pas à ma connaissance[2]." » La France des circuits occultes et de leurs intermédiaires n'avait donc pas disparu.

Un très grand entrepreneur français, hilare, révèle que le lieutenant, à la réputation sulfureuse, d'une candidate à la présidentielle est venu un jour le voir pour lui soutirer

1. Entretien du 18 septembre 2021.
2. Entretien du 18 septembre 2021.

un demi-million d'euros en cash. Rien que ça. Le grand patron lui a répondu que ces pratiques étaient devenues impossibles, tout en se demandant si l'émissaire en question, qui se tenait devant lui et lui réclamait ce fric sans vergogne, n'allait tout simplement pas se le mettre dans la poche[1].

Combien de vrais-faux intermédiaires ou d'élus sans scrupules, pour ne pas dire pourris, se sont enrichis ? Combien de murs ont été érigés dans des propriétés privées ou de piscines construites dans l'illégalité, combien de voyages familiaux réglés avec des fonds secrets, sans parler des opérations immobilières adossées à des montages financiers *offshore* ?

Ceux qui savent, même au crépuscule de leur vie, n'en disent pas un mot. Tout ce qu'ils ont vu, et ont tu, ils l'emporteront dans leur tombe.

Cet ancien homme de confiance corse évoque, au détour d'un apéro, l'argent facile, les maîtresses, les trahisons de ceux qu'il a servis[2]. Il a tout vu. Mais rien ne doit sortir. Cet avocat à la retraite raconte les valises de billets qu'il transportait pour le parti. À gauche de l'échiquier. Lui aussi se tait. Même si cette époque est révolue, ces survivants craignent d'être rattrapés par la patrouille.

Tous rappellent qu'il y a eu dans les années 1990 une purge salutaire du financement politique. Désormais, les entreprises ne peuvent plus financer directement les

1. Entretien au printemps 2021.
2. Entretien à l'été 2021.

partis, tout est tracé, transparent, et les détournements sont rares, voire inexistants. La justice dispose par ailleurs de moyens conséquents pour rattraper ceux qui prendraient trop de libertés avec les règles du financement politique – quitte à se montrer, selon les premiers concernés, trop sévère lorsqu'elle accuse François Bayrou et ses proches, Jean-Luc Mélenchon ou encore le parti de Marine Le Pen…

Sur ces aspects financiers, et sur les pratiques en général, ce n'était donc pas forcément mieux avant. Franck Louvrier, ancien directeur de la communication de Nicolas Sarkozy, en est convaincu : « La vie politique s'est adaptée au monde d'aujourd'hui. On ne pourrait pas faire de la politique comme avant. Mitterrand et son opacité, un sommet du genre, ce serait impossible aujourd'hui. Prenez la notion de conflits d'intérêts, elle était plus que relative en ce temps-là. François Mitterrand met à la tête d'une chaîne privée, payante, son directeur de cabinet ? Aujourd'hui vous faites ça, vous finissez en prison[1]… »

Franck Louvrier se souvient d'un détail édifiant concernant l'ancien président socialiste – que nul n'envisagerait de comparer à Trump aujourd'hui. Et pourtant… Ils ont le golf en commun : « Un jour, je regarde le sol de l'Élysée, tout rayé. Je demande à l'un des membres du personnel de la présidence de quoi il s'agit. Mitterrand

1. Entretien du 19 septembre 2021.

allait tous les vendredis au golf, il passait par là et ses chaussures à crampons rayaient le sol. Tous les vendredis… Impensable aujourd'hui ! »

La transparence est devenue une règle intangible, et a contribué, paradoxalement, à dégrader la vie politique. « Lorsque tu es maire, tu appartiens à tes électeurs, avec les bons et les mauvais côtés que cela peut avoir… Ils t'adorent, car tu incarnes la ville. Mais en même temps, ils peuvent camper en bas de chez toi et t'interpeller le dimanche matin de manière faussement improvisée : "Ah ! Monsieur le maire, c'est drôle de tomber sur vous, j'avais justement un dossier à vous soumettre !" », souligne cet élu d'une ville moyenne. Tout doit être accessible, visible : « Parfois, certains regardaient à travers les grilles du jardin quand nous organisions un barbecue entre amis, comme si tout ce qui se passait chez nous relevait par défaut du domaine public… Cela peut finir par être pesant[1]. »

Un ancien pilier de la majorité de François Hollande, vieux routier de la politique reconverti dans le secteur privé après la déroute socialiste de 2017, le constate : « Il y a des éléments de plus grande dureté dans la vie politique aujourd'hui, par rapport à quelques années en arrière, parce que la défiance est montée en puissance[2]. » De son point de vue, c'est l'obsession de la transparence qui paradoxalement nourrit ces réflexes : « Avant même

1. Entretien avec Franck Louvrier, 19 septembre 2021.
2. Entretien du 20 septembre 2021.

que vous ayez ouvert la bouche, les gens pensent que vous mentez. Par ailleurs, aujourd'hui, lorsque vous êtes un personnage public, même à un niveau de notoriété modeste comme c'était mon cas, les gens savent tout de vous ou veulent tout savoir. Je me souviens de cet épisode datant du début de mon mandat de député. Je me rendais à l'Assemblée nationale, un matin, en métro. Je reçois un message affolé de ma collaboratrice parlementaire, m'indiquant qu'un inconnu vient de tweeter le fait que je voulais soi-disant faire peuple en prenant le métro. Suivi d'un second tweet, qui m'a fait sourire celui-là, pour me dénoncer, parce que je jouais sur mon portable ! Je n'ai pas voulu répondre, même pas me justifier pour expliquer que j'ai toujours pris le métro. Moi, inconnu du grand public, je peux être scruté, critiqué à tout moment. Imaginez la pression permanente, par le biais des réseaux sociaux, subie par les cadors de la vie politique. J'ajoute à cela que désormais tout le monde s'improvise reporter grâce à son smartphone, et que les chaînes d'info peuvent donner la parole à n'importe quel pingouin... »

Ce retraité de la vie politique, qui affirme vivre beaucoup plus tranquillement et mieux gagner sa vie dans le privé que lors de ses années d'engagement, affirme que « la transparence est donc bien un fléau, d'un certain point de vue ». Il n'y a pas, selon lui, que les citoyens voyeurs ou les médias en quête de sensationnalisme qui sont à blâmer : « Nous-mêmes, les politiques, sommes tout aussi responsables de cette course à la transparence. Nous nous sommes mis dans la position de vouloir démontrer, à tout instant, que nous sommes irréprochables, imperméables à la corruption. Or, il est impossible de lever le doute, par nature le soupçon est inépuisable et nous l'entretenons en étant constamment sur la défensive.»

Comment alors arrêter cette spirale infernale ? L'ex-député se souvient de débats au sein du groupe PS, sous le quinquennat Hollande : «Certains de mes collègues proposaient que l'attribution de la réserve parlementaire passe par une consultation citoyenne. J'y étais opposé, car cela revenait peu à peu à dessaisir les élus, les représentants du peuple, de leurs prérogatives, et à transférer le pouvoir à des assemblées citoyennes parfois peu représentatives. En quoi un groupe de citoyens tirés au sort serait-il plus légitime qu'un député élu ?»

Pour cet ancien parlementaire, il faut avoir le courage de décider et rendre des comptes quand vient le moment de l'élection. Selon lui, cette course effrénée à la transparence, véritable «mise à nu, voire dépossession des élus», en désinhibe plus d'un, qui en viennent à murer une permanence, taguer, insulter, agresser physiquement. L'ex-député se souvient : «Certains se croyaient autorisés à regarder où tu mets tes gosses à l'école. Je me souviens même que, dans ma circonscription, ils ne voulaient pas croire que je n'avais pas de chauffeur attitré. Le soupçon du mensonge et de la dissimulation est omniprésent. En tendant le bâton pour se faire battre, nous contribuons à nourrir le rejet des élus.»

Voilà pour la spirale de la transparence, qui, loin d'en venir à bout, contribue à entretenir le soupçon. Sans compter que le monde politique a manifestement aussi connu, sur le plan national du moins, une dégradation des compétences au cours des dix dernières années.

« Soyez fiers d'être des amateurs ! » Il est 20 heures passées, en ce mardi 11 février 2020. Le président, micro en main, harangue les trois cent cinquante députés invités dans la salle des fêtes de l'Élysée. Il s'agit de les remotiver, et de les rassurer. Remonter le moral des troupes. Quelques jours plus tôt, la presse a rapporté des propos peu amènes du chef de l'État envers sa majorité, l'appelant à « plus d'humanité », après son refus d'allonger le congé pour deuil d'enfant. Un reproche qui en a heurté plus d'un : à quoi bon s'échiner à voter en bloc des projets de lois impopulaires, qu'il faut défendre sur le terrain, pour ne recevoir ensuite que critiques ou insultes ?

Emmanuel Macron, au détour d'un échange, évoque le procès en amateurisme intenté par l'opposition sur la récente réforme des retraites, avortée pour cause de Covid. Le président, enflammé, s'exclame : « Si les professionnels, ce sont ceux qu'on a virés il y a deux ans et demi, et que les amateurs, c'est vous, alors soyez fiers d'être des amateurs ! »

Tout est dit. Dans un monde où le politique est honni, mieux vaut s'en distinguer en incarnant l'exact inverse. Et donc revendiquer son propre « amateurisme ». N'a-t-on pas vu fleurir les listes « citoyennes » aux élections législatives de 2017, puis aux européennes, aux municipales ou encore aux régionales de 2021 ? Le candidat « issu de la société civile» se voit porté aux nues, comme si l'absence de maîtrise des codes du pouvoir, la méconnaissance des rouages administratifs et l'inexpérience en matière d'engagement public prédisposaient tout candidat à l'élection à prendre les meilleures décisions possibles au regard de l'intérêt général, et à être plus efficace que les vieux routiers de la politique.

L'exemple d'Éric Zemmour et de sa spectaculaire percée dans les sondages à partir de la publication de son livre à la mi-septembre 2021 illustre très bien cette conviction, largement répandue chez les plus défiants envers le système politique, que les novices pourraient forcément être plus efficaces que les politiques dits «expérimentés». Enfin, surtout s'ils sont bons orateurs ! Une qualité dont il n'a pourtant jamais été prouvé qu'elle permettait de mieux maîtriser les rouages administratifs, rédiger des lois moins bavardes et plus applicables, et inventer des solutions pertinentes et durables pour un pays de soixante-sept millions d'âmes. J'ai sollicité[1] le témoignage d'Éric Zemmour, qui parcourait la France et inondait les médias, alors qu'il n'était pas encore officiellement candidat. Contrairement à Anne Hidalgo, Yannick Jadot, Xavier Bertrand, Valérie Pécresse ou encore Emmanuel Macron, tous en campagne ou occupant des postes à très hautes responsabilités, le «polémiste» n'avait apparemment pas le temps de répondre à quelques questions…

1. Le 17 octobre 2021.

Peu importe que tel député novice, interrogé sur son absence de l'hémicycle au terme de son premier mois de mandat, réponde, étonné : « Ah ? Je ne savais pas qu'il fallait être présent en séance ! » Ou que cette autre élue de la nation, issue de la même fournée de néophytes, rétorque à un citoyen lui demandant comment Emmanuel Macron comptait concrètement dédoubler les classes de CP, comme promis pendant sa campagne : « Ben, on mettra des paravents dans les classes ! » L'amateurisme, voilà le nouveau Graal de la politique.

L'hyper-défiance incite les uns et les autres à cacher leur expérience politique. Pour solliciter le suffrage de ses concitoyens, mieux vaut être entrepreneur, commerçant, employé de banque ou même sans emploi, qu'avoir déjà exercé un ou plusieurs mandats. Mieux vaut ignorer la fabrique de la loi, méconnaître les rouages de l'État et se complaire dans l'ignorance qui, seule, semble susceptible de générer la confiance de nos concitoyens.

Le dégagisme contribue en outre à l'affaiblissement de la classe politique en empêchant les élus d'accumuler une expérience pourtant essentielle : à peine votre mandat s'achève-t-il, et alors même que vous commencez juste à maîtriser pleinement votre sujet, vous voilà balayé au profit de sang neuf, car unanimement considéré comme un politicien pourri. Cet affaiblissement ne se ressent pas uniquement sur le plan des compétences. Il est également visible dans le rapport de force entre les politiques et leurs administrations. Combien de fois les élus, ministres, secrétaires d'État ou députés n'ont-ils entendu un haut fonctionnaire leur dire, frontalement ou bien de cette manière plus détournée qu'affectionnent les grands commis de l'État, que les politiques passent, alors que les fonctionnaires restent… ? Comment peser, même si vous représentez « le peuple » dans sa majesté, lorsque vous savez votre pouvoir circonscrit à un mandat, voire à quelques mois, s'agissant de la plupart des ministres ?

Imaginerait-on se réjouir de ce que Renault, Free ou TF1 soient dirigés par des « amateurs » ne connaissant rien ni à leur secteur d'activité, ni aux règles du management ou aux métiers de celles et ceux qu'ils sont appelés à diriger ? C'est pourtant ce que la plupart des Français font spontanément lorsqu'ils louent la nomination de telle ou telle personnalité « issue de la société civile », mais ignorant tout de l'administration, des rouages parlementaires, tout comme du secteur en question. Ils privilégient le professionnalisme dans la maîtrise de Twitter et d'Instagram, dès lors que cela semble authentique – donc amateur –, tout est bon.

Certains ministères comptent des centaines de milliers de fonctionnaires, et ils seraient mieux dirigés par un novice que par un élu expérimenté ? Même si tel médecin peut évidemment prétendre avoir une vision des politiques de santé, et tel agriculteur une vision de l'avenir de son secteur, la compétence technique ne suffit pas à diriger une administration, négocier avec un parlement et des élus locaux, et maîtriser les codes de la politique. Nous avons basculé dans un culte outrancier de la « société civile », alors que la politique nécessite la maîtrise de compétences bien spécifiques, et ne s'improvise pas. Il y a quelque chose de totalement baroque à vouloir croire que, parce que les politiques professionnels nous paraissent inefficaces, les amateurs le seront davantage…

Alors non, le monde politique n'était pas forcément plus vertueux, ni plus efficace, ni plus visionnaire il y a vingt, trente ou cinquante ans. Mais il est manifeste que la dictature de la transparence et la spirale dégagiste engendrent, depuis quelques années, un affaiblissement considérable du milieu politique, en décourageant des profils compétents, et en rendant la vie impossible à ceux qui ont encore le courage – ou la folie – de se risquer à se présenter à des fonctions électives.

*

* *

Si nous nous arrêtions à ce triste tableau, alors nous aurions sans doute raison de jeter l'éponge et de partir en courant. Nous pourrions décider de fuir le débat public, se défiler de nos responsabilités de citoyen et ne plus voter. Nous pourrions nous résoudre à ne plus regarder les infos, bannir les réseaux sociaux, voire éviter toute conversation politique lors des dîners entre amis, de peur de déclencher des conflits et brouilles insurmontables…

Sauf que… la politique, ce n'est pas une activité nuisible dont le carburant serait l'ambition personnelle et dont le seul objectif constituerait la satisfaction de l'ego.

La politique, c'est tout simplement ce qui permet la vie en collectivité. Elle nous permet de nous donner des règles communes, comprises et acceptées par tous. De réguler nos conflits de manière civilisée, et surtout de décider collectivement de la direction dans laquelle nous voulons cheminer. La politique, ce n'est pas «les autres» – ces pourris, ces vendus, ces élites qui nous semblent si loin de nos préoccupations –, c'est nous aussi. Elle est ce que nous en faisons. Le principe voltairien consistant à «cultiver son jardin» ne conduit en réalité qu'à l'atomisation et à l'impuissance collective. Or, il ne peut y avoir de triomphe individuel durable dans le cadre d'un désastre collectif. Pas de bonheur possible dans un océan de malheur. Pas de paix personnelle dans un pays en guerre civile.

Nous ne pouvons et ne devons pas nous satisfaire de ce que la politique est peu à peu en train de devenir : un champ de mines, un champ de ruines.

Il nous faut donc, pour enfin espérer reprendre les choses en main, chercher à comprendre, démêler tant bien que mal le vrai du faux, tordre le cou aux fantasmes, nous méfier de nous-mêmes, de nos facilités et de nos abandons.

Reprendre *la vie publique* en main, pour *nous* reprendre en main.

La solution n'est pas dans les mains d'un énième «homme providentiel», mais bien entre les nôtres.

Deuxième partie

Vis ma vie d'élu

Noblesse et politique

Pour comprendre ce qu'est réellement la vie politique, il nous faut interroger celles et ceux qui, souvent amers, abîmés, usés, ou bien encore animés de l'ambition et de l'idéalisme nécessaires à l'engagement, la vivent au quotidien. Déjouer leur méfiance – légitime, au vu du milieu dans lequel ils évoluent –, parvenir à surmonter leurs préventions, contourner leurs « éléments de langage ». Amener ceux qui ne sont habitués à le faire que lors d'exercices de communication très calibrés à « fendre l'armure », comme on dit. Car eux seuls peuvent nous faire toucher du doigt ce qu'est véritablement l'engagement public, et son coût humain souvent invisible aux yeux de l'électeur.

Évidemment, il serait indécent de prétendre que la vie publique est comparable aux difficultés rencontrées par une mère élevant seule ses trois enfants avec un SMIC ou par un jeune diplômé ne parvenant pas à trouver un emploi après avoir multiplié les stages. La douleur humaine ne peut faire l'objet de comparaisons, à moins d'entrer dans une compétition victimaire malsaine. Bien sûr, les responsables publics ont tous choisi, délibérément, la situation qui est la leur. S'ils en souffrent, c'est qu'ils le veulent bien – et beaucoup ont d'ailleurs abandonné, après quelques semaines, quelques mois, ou au terme d'un mandat épuisant et décevant.

Oui, ils sont en quelque sorte des victimes consentantes de la politique – et participent parfois allègrement à la torture de leurs concurrents et camarades. Pourtant, si nous ne regardons pas la totalité de ce qu'est la vie politique, et si nous nous arrêtons seulement aux horreurs évoquées précédemment – corruption, entre-soi, passe-droits, querelles d'ego… –, alors nous ne pourrons jamais avoir qu'une image déformée de ceux qui nous dirigent, de leurs difficultés, et donc une compréhension partielle de ce qui les anime et des raisons pour lesquelles ils prennent telle ou telle décision nous concernant.

Or, exercer un mandat, ou conseiller un élu, ce n'est pas uniquement penser à la fonction suprême tous les matins « en se rasant ». Ce n'est pas seulement enchaîner coups bas et coups de com'. Ce n'est pas voguer d'élections en trahisons, sans égard pour ceux que l'on est supposé servir. La politique a un coût humain pour chacune et chacun de ceux qui y touchent. C'est un engrenage dont on sort rarement indemne lorsqu'on y met le doigt.

Manuel Valls est l'un de ces personnages politiques controversés, souvent craints, voire haïs par certains, mais dont il est inimaginable de penser qu'ils puissent avoir la moindre faille. Il apparaît volontiers autoritaire, déterminé, voire buté, sévère avec ses conseillers, et surtout très sûr de lui. Trop peut-être.

C'est certainement l'image que j'ai de lui avant d'entrer à son service. Nous sommes au sortir des municipales de 2014, lorsqu'il accède au poste de Premier ministre.

Je ne vais pas prétendre qu'il n'a jamais été ni sévère, ni en colère. Mais l'homme que je vais côtoyer deux années durant, en tant que conseillère en charge de l'analyse des études d'opinion, est bien éloigné de la caricature médiatique qu'il deviendra peu à peu aux yeux du grand public.

Ce Premier ministre en apparence cassant, sans faiblesse, à l'ego surdimensionné, a eu son lot de doutes, de travers, des moments très difficiles. Je l'ai vu se refermer au fil des attentats, son regard durcir, tout comme celui du président de la République et de tous ceux qui occupaient alors des postes décisionnels importants. Tous sont comme hantés par des événements qu'ils n'auraient jamais imaginé devoir affronter un jour.

Le sentiment de ne pas avoir su protéger les victimes, le souci permanent d'agir afin que d'autres drames ne surviennent pas, et sans doute aussi la colère et la frustration de se voir impuissant à réparer le malheur des familles des victimes, tout cela pèse lourdement sur les épaules des simples humains que sont nos dirigeants. L'image des survivants hante leurs nuits comme elle peuple les nôtres, le souvenir de l'horreur ne fait qu'accroître la conscience de leur responsabilité écrasante, celle de nous protéger, à tout prix, et leur fait toucher du doigt les limites de leur pouvoir.

Nous les voudrions infaillibles, tout-puissants, lorsqu'il s'agit de sécurité, et eux ne voient plus que les failles, souvent béantes, de nos systèmes de surveillance et de notre capacité d'anticipation et d'intervention, pour prévenir les drames comme les attentats de Paris du 13 novembre 2015. Le sens du tragique finit par tout envahir, jusqu'à l'obsession, au point d'envoyer valser tous les artifices de communication habituellement déployés pour maîtriser l'image du personnage public. À quoi bon se montrer sous son meilleur jour, à quoi bon sourire, lorsqu'on sait la constance de la menace et la précarité de la paix civile ?

Et quelle aura été leur formation initiale à affronter de tels périls, à prendre les bonnes décisions en pareilles situations, celles de généraux aguerris en zone de guerre, qui doivent en un instant déclencher le feu, sauver les blessés, affronter le sang et l'horreur après la bataille, la détresse des survivants, des familles et des proches des victimes ? Quelle aura été leur formation initiale pour ensuite emporter jusque dans l'intime la colère et la peur d'une nation tout entière, à qui il va falloir parler les yeux dans les yeux ?

Les épreuves auront été si marquantes pour le chef du gouvernement que, à l'été 2016, lorsqu'il s'est trouvé en position de recours en cas de renoncement de François Hollande à se présenter à la présidentielle, son image publique s'était rétrécie, abîmée, pétrifiée. C'était à tel point qu'une large frange de l'opinion publique voyait en lui un quasi-dictateur, toujours tendu, énervé, voire en colère, sans concession aucune. Le conflit social très dur dont nous sortions à peine, celui sur la réforme de la loi travail, avait laissé des traces.

Manuel Valls se rendit compte trop tard, au moment de la terrible sanction lors d'une élection primaire désastreuse, celle des 22 et 29 janvier 2017, qu'il était devenu profondément impopulaire… Je me suis souvent demandé où il pouvait bien trouver la force de supporter d'être haï pour ce qu'il savait ne pas être – quelqu'un d'insensible, injuste, dévoré d'ambition personnelle. Courage et conviction d'être dans le vrai, ou bien narcissisme et indifférence à tout ce qui n'est pas soi ?

La confiance est le carburant des hommes et des femmes politiques. Ils en vivent non pas seulement par nécessité de nourrir leur ego, mais en raison de leur fonction même : l'élection, c'est la confiance accordée, temporairement, par le citoyen à son représentant. Sans confiance, pas de carrière politique. Comment réagir lorsqu'elle est supplantée par l'indifférence, par la détestation ?

J'ai recueilli un grand nombre de témoignages d'élus, souvent méritants, au bilan honorable, meurtris d'avoir été brutalement congédiés, dégagés par leurs électeurs, sans même un merci, et souvent sans autre raison qu'un insatiable besoin de « renouveau ». Manuel Valls lui-même n'a-t-il pas justifié de se représenter à la députation en 2017 par le fait qu'il voulait rester maître de son destin et ne pas être « chassé » ? Un mot qu'il répétait à l'envi, telle une obsession constante, qui lui aura fait faire par la suite d'incessants trajets entre Paris et Barcelone, entre vie privée et engagement public, dans un improbable mouvement de balancier sans fin.

La vie politique est une succession de grands moments de joie, alternant avec des phases de désespoir profond, sans oublier l'inévitable « traversée du désert », consubstantielle à toute trajectoire élective, que seul Emmanuel Macron, parmi les présidents récents, semble n'avoir pas connue. À l'euphorie de la victoire succède souvent la frustration de l'impuissance constatée aux responsabilités – les choses sont complexes, tout prend du temps, et le pouvoir ne correspond jamais à ce que l'on avait imaginé –, puis la défaite, parfois aussi brutale qu'inexplicable. Peu nombreux sont ceux qui savent faire leur la maxime de Kipling :

> Si tu peux voir détruit l'ouvrage de ta vie
> Et sans dire un seul mot te mettre à rebâtir,
> Ou perdre en un seul coup le gain de cent parties
> Sans un geste et sans un soupir[1].

Sans conviction chevillée au corps, sans une capacité de résistance hors du commun, sans ces défauts trop répandus dans le monde politique que sont le narcissisme et l'ambition personnelle, la tentation naturelle est de renoncer avant d'être trop usé, abîmé, martyrisé,

1. Poème « If », traduit en « Tu seras un homme, mon fils ».

d'abandonner avant d'avoir fait payer l'addition la plus lourde à la famille, à l'entourage, rarement récompensés en retour.

Cette difficulté à encaisser des sanctions, que l'on peut estimer injustes au regard de l'investissement personnel consenti, est sans doute une clef, certes partielle, de compréhension des propos pleins d'amertume d'Agnès Buzyn au lendemain de sa défaite aux municipales à Paris, en mars 2020 : « On aurait dû tout arrêter, c'était une mascarade », avait confié l'ex-ministre de la Santé au journal *Le Monde*. Les propos de la candidate malheureuse à la mairie de Paris, en pleine explosion de l'épidémie de Covid-19, lui coûteront cher sur le plan judiciaire, avec une mise en examen en septembre 2021.

J'ai mesuré, lors de la campagne de la primaire à gauche de début 2017, et le destin funeste qu'a connu Manuel Valls, combien la politique était une histoire simplement, bêtement humaine, avec tout ce que les individus peuvent avoir, parfois, de grand et noble, mais trop souvent, je dirais, de petit et mesquin, quand le vent tourne, quand tout va mal, en ces moments où il faut encore donner un peu de soi, même si la partie semble perdue.

Cette compétition devait être une réplique de la précédente : la primaire de fin 2011 avait donné un formidable élan à François Hollande, candidat de substitution, le portant jusqu'à l'Élysée six mois plus tard, en lieu et place d'un Dominique Strauss-Kahn empêché, noyé dans le scandale et le discrédit. Un quinquennat plus tard, c'est le même François Hollande qui devait être remplacé à son tour, également empêché, mais par une courbe du chômage qui ne cessait de grimper. Et cette primaire-là devait elle aussi, dans un effet rebond, propulser la jeune génération.

Certains ont prétendu que Manuel Valls, se voyant calife à la place du calife depuis des années, avait nécessairement préparé le moment où il devrait prendre le relais du président qui l'avait fait Premier ministre. Je n'ai rien constaté de tel dans les semaines ayant suivi sa démission de Matignon, début décembre, après le renoncement télévisé du président de la République.

Au contraire, le flottement de ces semaines-là fut tel que nous nous sommes retrouvés à trois volontaires, forcément bénévoles, le dimanche 1er janvier 2017, à son domicile d'alors, rue Keller, dans le 11e arrondissement à Paris.

Je revis cette scène comme si c'était hier. Il fait un froid sibérien dans la capitale. Des policiers en civil, armés, gardent les lieux. Nous avons accepté de sacrifier notre semaine de vacances entre Noël et le Jour de l'an pour finir de bricoler tant bien que mal le projet que le candidat va présenter à la presse durant la première semaine de janvier, pour donner le coup d'envoi de sa campagne pour la primaire socialiste. Manuel Valls habite une sorte de maison ancienne dans une cour intérieure, et il faut grimper un escalier en bois quasiment à la verticale pour accéder chez lui. C'est Anne Gravoin, son épouse d'alors, qui nous ouvre, présence bienveillante et discrète ; le berger des Pyrénées Largo tournicote autour de nous, ignorant tout de ce qui va se jouer là.

Manuel Valls, les traits tirés, tendu, nous fait asseoir autour de la table de la salle à manger. Nous passons en revue avec lui, chapitre par chapitre, ce projet censé le porter vers une improbable victoire. L'échange dure de longues heures. Le candidat amende, rature, nous demande si nous avons bien intégré les propositions de tel ou tel soutien, un vrai congrès du PS à lui tout seul, traversé de courants multiples, transformant la copie en gloubi-boulga. Le texte, d'une quarantaine de pages, ne cesse de grossir.

J'observe cet animal politique, que je n'ai jamais réussi à tutoyer, comme si un élan de familiarité de ma part aurait porté atteinte à l'institution qu'il incarnait si peu de temps auparavant. Je l'observe, dans cette salle à manger, alors que dehors, la nuit de ce premier jour de 2017 vient de tomber. Il m'apparaît à cet instant fermé, agacé parfois. Il sent bien que ses troupes, du moins ce qu'il en reste en ce dimanche précédant la bataille, sont fatiguées et trop clairsemées. La jeune conseillère opinion que je suis ressent la dureté de l'abandon, celle de ces dizaines d'opportunistes qui lui doivent tant, celles et ceux – je ne les oublie pas – qu'il a su promouvoir et qui l'ont lâché dès sa sortie de Matignon. Combien sont-ils à être déjà passés à l'ouest, avec armes et bagages ? Combien voguent déjà vers les cieux plus prometteurs de la galaxie Macron, qui séduit largement les technos des cabinets et de l'administration ? Manuel Valls, Premier ministre, a fait venir à Bercy l'ancien secrétaire général adjoint de l'Élysée, pour succéder au frondeur Arnaud Montebourg, pensant trouver en ce jeune loup un soutien de poids pour sa future candidature, ignorant qu'il était en train de co-fabriquer une créature – Emmanuel Macron – dont l'essence même mettrait un terme à ses propres ambitions.

Celui qui pressent déjà l'échec mesure alors ce que la perte d'une position de pouvoir révèle de la réalité des fidélités politiques. Ceux sur qui l'on croyait pouvoir s'appuyer disparaissent du jour au lendemain, ou font preuve d'un empressement bien relatif à vous défendre, sachant qu'ils ne peuvent plus rien espérer de vous.

Si je suis encore là, alors que j'ai quitté Matignon bien avant le renoncement de François Hollande pour aller œuvrer dans le privé, c'est parce que ce n'est pas dans les moments les plus difficiles que vous abandonnez quelqu'un de bienveillant, respectueux, qui vous a donné votre chance, alors que vous n'êtes pas grand-chose, et vous a fait confiance en croyant en vous. J'ai une dette morale envers lui. C'est une question de respect et d'éthique, ce n'est pas négociable.

Je nous revois quittant son domicile en début de soirée, les rues alentour sont vides, je marche seule dans le froid, m'interrogeant sur le scénario des jours à venir. Il nous a embrassés, mais il était ailleurs, il ne nous a même pas remerciés. Cela n'a pas d'importance. Ce n'est pas, de sa part, de l'ingratitude. Fier, tranchant, Manuel Valls a toujours témoigné d'une forme de pudeur, assimilable, à tort, à un manque de sensibilité, voire à de l'indifférence.

Je reçois soudain un SMS. Envoyé quelques minutes plus tard. Quelques mots simples, qui témoignent de sa reconnaissance et suffisent à effacer les heures de congé, les soirées sacrifiées à travailler d'arrache-pied pour une victoire que nous savons alors probablement impossible.

J'ai très vite découvert que mon projet – ce qu'est vraiment l'exercice de responsabilités, l'engagement public – était très ambitieux, un peu trop même aux yeux de certains : pas simple de demander à des acteurs de la vie politique, élus ou collaborateurs, de « balancer » sur leur leader, leur parti, raconter des moments personnels difficiles, parfois nauséabonds, pouvant même, comme des mèches lentes, se transformer en fâcherie au détour d'une révélation.

J'ai ainsi questionné cet ex-conseiller d'un ancien président sur son pire souvenir[1]. Je savais de lui que c'était sa mise au placard à un moment important de sa carrière, qu'il a vécue douloureusement. Il m'a raconté tout autre chose, une anecdote le plus éloignée possible de celui qu'il aura servi avec fidélité, et de lui-même. Un souvenir noble, altruiste, édulcoré, sur la tristesse de familles qui avaient perdu des proches, dans des circonstances tragiques, et qu'il fallait réconforter. Sans doute des moments émouvants, mais leur évocation ne dérangeait

1. Entretien du 20 septembre 2021.

personne, et ne disait strictement rien de son propre vécu de cette vie politique si souvent oppressante, parce qu'il faut servir des personnalités égocentriques, injustes, à l'humeur changeante, capables de sacrifier leurs meilleurs pions par ambition pure. Comme si ce conseiller était lui-même à la fois fidèle, par reconnaissance et par conviction, mais aussi victime d'un syndrome de Stockholm, dans l'incapacité de se détacher de l'emprise de ce président qui ne l'a pourtant pas toujours épargné. Il y a une similitude entre la vie politique, et celle du milieu : une forme de dépendance et d'omerta. Chacun détient un secret sur l'autre, tout ce monde clos se tient, d'une façon ou d'une autre. Révéler, même avec pudeur et dignité, signifie s'exposer. Dire, c'est forcément trahir, subir d'éventuelles foudres pour avoir brisé le silence et surtout se couper d'un éventuel rebond ou retour dans cette vie politique, faite de sang et de larmes, mais qui se mue en addiction pour celles et ceux qui s'y plongent sans retenue, jusqu'à l'abnégation.

Et pour aller au bout de cette mise en abyme, j'ai respecté l'anonymat de celles et ceux qui l'ont exigé pour me répondre librement, me refusant à porter tout jugement sur leur propension bien naturelle, en somme, à se protéger d'un milieu aussi lumineux.

Les vérités, en politique, ne sont visiblement pas toutes bonnes à dire. J'ai conscience de la part de méfiance, de jeu, voire de manipulation, de tout échange avec les acteurs concernés, y compris ceux de confiance que je connais de longue date. Il m'est apparu nécessaire d'interroger également un certain nombre d'observateurs avisés de la vie politique, qui captent forcément une part de cette vérité que les élus s'évertuent à nous cacher, parfois à raison, souvent à tort.

Cécile Cornudet, éditorialiste reconnue et respectée qui officie au journal *Les Échos*, se méfie des emballements médiatiques et a pour principe d'éviter de sombrer dans ce qu'elle appelle « la petite politique politicienne[1] ». La journaliste reconnaît la grande difficulté à arracher la vérité à nos élus, à les emmener sur leurs difficultés personnelles et sur le terrain de l'intime : « La communication est partout. Y compris dans la réponse à cette question souvent soumise aux dirigeants : quel a été pour vous l'événement le plus difficile à vivre ? Je l'ai posée à plusieurs personnalités, ou à leur entourage, qui ont forcément voulu se montrer à l'unisson des Français. Nicolas Sarkozy a évoqué Mohammed Merah, François Hollande, les attentats de 2015. L'équipe Macron m'a cité Samuel Paty, mais aussi la décision de confiner le pays. Pour Édouard Philippe, c'était la peur de ne pas disposer d'assez de curare pour endormir les hospitalisés du Covid. »

Ces réponses sont-elles guidées par les sentiments ou pour l'image ? Pour Cécile Cornudet, il ne faut pas nier leur part de sincérité. Comme nous, ceux qui occupent les plus hautes fonctions sont saisis par l'émotion devant la

1. Entretien du 5 octobre 2021.

violence des attaques. Comme nous, ils sont bouleversés, notamment aux Invalides, lors des hommages rendus aux victimes du terrorisme ou aux militaires tombés au feu. Personne ne sort indemne d'avoir pris les proches d'une victime dans ses bras. Mais pour les observateurs qui suivent les responsables politiques de près et depuis longtemps, une autre réponse pourrait être apportée : « C'est l'humain qui fait le plus mal. »

L'éditorialiste des *Échos* en veut pour preuve cette rage suscitée chez certains Français, qu'Emmanuel Macron perçoit pour la première fois le 4 décembre 2018, lors d'une visite surprise au Puy-en-Velay, après que des Gilets jaunes ont incendié la préfecture de Haute-Loire. Le président, à sa sortie, a été conspué par une vingtaine de manifestants, qui l'ont insulté et ont poursuivi son véhicule.

Il y a par ailleurs ces politiques qui souffrent des grandes et petites trahisons qui émaillent leur parcours. Cécile Cornudet raconte : « La phrase d'Emmanuel Macron rapportée par Philippe de Villiers – "Édouard Philippe gère son risque pénal" – a été particulièrement mal reçue par l'intéressé. Il pensait sa relation fluide avec le chef de l'État, il comprend à cet instant que ce n'est pas le cas et qu'effectivement son bail à Matignon est sur le point de s'achever. » Il y a également les ministres, les élus de tous bords, qui, à force de lire les échos publiés par *Le Canard enchaîné*, finissent par savoir immédiatement qui les alimente, qui trahit. Dans ce milieu réputé si dur, les vraies amitiés se font rares, et en tout cas éphémères. La confiance ne doit se distribuer qu'avec parcimonie. C'est ce qu'ils font. Et quand cette confiance est soudainement rompue, le coup fait encore plus mal. La journaliste conclut : « Ils sont seuls, vraiment seuls. Et même en se carapaçant et en s'y préparant, personne ne peut complètement s'y résoudre. »

Nous reprochons aux politiques leur cynisme, leur absence d'authenticité. Mais n'est-ce pas là la condition de leur survie dans un milieu si dur ?

Un sacerdoce dont nous ignorons tout ou presque

Alors qu'on les imagine simplement multiplier les cocktails, signer des permis de construire et s'écharper allègrement avec leur opposition en conseil municipal, de nombreux élus locaux se trouvent confrontés à la détresse humaine. Et ils ne sont pas toujours épaulés, ni outillés et formés, pour gérer certaines situations humaines complexes. À l'image de cet adjoint au maire d'un arrondissement parisien, qui raconte :

> Un soir, je découvre en rentrant chez moi une voisine et son fils terrés dans un duvet sur une place de parking de mon immeuble. Je leur demande ce qu'il se passe. La voisine en question m'affirme simplement ne pas avoir les clés de chez elle. Sa réponse me paraît étrange, mais je ne dis rien, alors même que j'ai très envie de savoir la vérité. Mais je reste sur la réserve, car après tout, doit-on ajouter de la douleur à une situation qui n'en manque déjà pas ? Ne pas forcer les gens à parler, ne pas leur arracher la vérité

s'ils n'y sont pas prêts… J'ai appris au fil de mon engagement politique que la parole s'accompagne, se reçoit, mais ne se vole pas.

Deux jours plus tard, la même voisine vient sonner à mon domicile. Elle a le visage tuméfié, des marques violettes barrent son visage. Je lui demande évidemment ce qui lui est arrivé. Elle me dit alors être « tombée » dans son appartement. Devant ce mensonge manifeste, je ne l'interroge pas, je ne la pousse pas dans ses retranchements. J'ai l'intuition qu'elle pourrait alors se refermer, et ma seule chance de l'aider s'évaporer. Mais je ne peux pas rester inactif, spectateur – donc complice – d'un drame annoncé. Hélas, je n'ai jamais été formé à ces urgences – tout comme des milliers d'élus, confrontés comme moi à ces situations. Il me faut donc improviser, suivre mon instinct, avec la peur de commettre une erreur. Je sais que dans ce cas-ci, tout faux pas pourrait coûter très cher à cette voisine en détresse.

Je décide donc – après consultation de collègues, et tergiversations angoissées – de signaler sa situation en mairie, ainsi qu'au commissariat et auprès d'une association d'aide aux femmes victimes de violence. Et d'attendre. Terrible attente, où l'on imagine les coups, de l'autre côté du mur, les cris de détresse que l'on n'entendrait peut-être pas. La solitude de l'angoisse de cette femme, qui rejoint celle des milliers d'autres qui, chaque année, souffrent – et meurent, parfois – en silence.

Le lendemain, elle revient me voir, cette fois avec son fils. La voir sur le pas de ma porte, vivante, encore vivante, est presque un soulagement. Elle prend la parole en premier et me dit : « Il a levé la main sur mon fils aujourd'hui. » Même de manière elliptique, elle vient de mettre des mots sur sa détresse. Dans mon esprit, tout s'arrête. L'urgence s'impose à moi.

Mais que faire ? Jusqu'où aller ? Je lui demande si elle veut porter plainte, ou être accompagnée. Non, répond-elle, elle ne veut pas. Alors qu'elle parle, difficilement, je vois la terreur dans ses yeux embués. C'est trop tôt, c'est trop dur de raconter, elle a peur des représailles, peur du commissariat, peur même du regard de son fils…

Je lui propose alors d'appeler pour elle une association qui sera capable de l'aider. Là encore, sans son consentement, je sais que je resterai impuissant. Ce sentiment-là, quand on a pour vocation de servir, d'aider ses concitoyens, est un sentiment terrible. Heureusement, à force de persuasion, elle consent à ce que je la mette en relation avec une association. Celle-ci la prendra en charge, elle obtiendra un nouvel appartement, avec son fils, et celui-ci finira par passer brillamment son bac. Pour moi, faire de la politique, c'est cela. C'est ressentir la détresse de l'autre, la frustration de l'incapacité à agir, parfois, mais aussi éprouver la joie lorsque l'on peut apporter son aide à quelqu'un, améliorer son quotidien, même modestement. Je ne cache pas que parfois, la frustration l'emporte sur les sources de satisfaction[1]…

1. Entretien du 10 septembre 2021.

Tous les élus que j'ai rencontrés ont des récits poignants, pétris d'humanité, de doutes et d'espoirs, de désespoir parfois. Tous, sans exception, même ceux que l'on aime à dépeindre sous les traits d'affreux profiteurs, de carriéristes froids ou d'incompétents notoires. Tous, donc, traversés par des sentiments contraires. Ils sont simplement humains, et à ce titre, un jour ou l'autre, confrontés à des situations qu'ils n'avaient pas imaginées un instant, et qui marqueront leur mémoire à vie.

Isabelle Balkany incarne sans doute, aux yeux des médias et d'une bonne partie de la population, une certaine forme de cynisme en politique, avec un soupçon permanent de profit et d'enrichissement personnel. Et pourtant. Le tribunal correctionnel de Paris a noté, dans son dernier jugement en 2019, que la fraude fiscale pour laquelle elle et son mari ont été condamnés n'impliquait pas d'argent public. Ces ennuis judiciaires là n'ont donc pas concerné le contribuable, contrairement à ce que j'ai pu entendre ou lire. Il est vrai que pour l'opinion publique, de manière générale, le cynisme ronge trop souvent la classe politique et marque l'ambition démesurée ou l'avidité d'une partie de nos élus. Cela étant dit, j'ai entendu tout et son contraire au sujet du « couple Balkany », le pire et le meilleur. Deux regards diamétralement opposés. J'ai donc décidé d'aller à la rencontre de ces deux figures singulières, connues de tous, de notre vie politique nationale, dans leur moulin de Giverny, dans l'Eure, un dimanche d'automne. Je voulais tenter de comprendre.

Première surprise, l'accueil, simplement chaleureux, d'Isabelle Balkany qui, tout sourire, tient à me faire cette mise au point : « Je suis désolée, mais c'est très agaçant cette façon de nous définir en "couple Balkany", comme si l'un n'allait pas sans l'autre, comme si mari et femme étaient interchangeables. C'est quand même une notion qui m'interpelle à l'ère du féminisme triomphant ! » Elle éclate de rire.

Nous nous installons à l'extérieur, devant un citron pressé, il fait encore soleil, l'eau d'un torrent coule sous le ponton en bois où nous devisons. Trois chiens affectueux sont couchés à nos pieds. Les époux Balkany, même entravés par leurs bracelets électroniques vissés à la cheville, prennent la chose avec beaucoup de philosophie. Il n'y a pas de méfiance ni de filtre. Isabelle Balkany, passionnée de politique et de médias, se dit très disposée à répondre à toutes mes questions.

J'observe ces deux épouvantails de la vie publique, que les politiques eux-mêmes agitent sans vergogne, croyant se blanchir en se différenciant d'eux et en oubliant trop facilement que lorsqu'il s'agit justement de politique, l'opinion a tendance à mettre tout le monde dans le même sac et à jeter le bébé avec l'eau du bain.

Très vite, cet entretien avec Isabelle Balkany me surprend, contre toute attente, ce qui au passage bat en brèche toutes les idées reçues et recuites à l'infini : je m'attendais à tout sauf à cette émotion intense, si palpable, qui transpire lorsque je l'interroge sur sa pire expérience politique personnelle.

Le souvenir du récit qui va suivre l'émeut encore aujourd'hui, douze années plus tard, comme au moment des faits : celui de l'attentat du Caire du 22 février 2009, qui a fait une victime, Cécile Vannier, une jeune Levalloisienne de 17 ans, et a blessé vingt-quatre enfants lors d'un voyage organisé par la Ville en Égypte. Une tragédie.

Pour Isabelle Balkany, c'est là un cauchemar qui ne s'effacera jamais. Je suis presque gênée de la relancer, lui demander des précisions factuelles sur cet événement dont elle parle comme une douleur inguérissable. Ce n'est pas un être cynique, froid ou calculateur qui raconte. Celle qui a théorisé la nécessité, pour chaque élu local, d'être disponible « vingt-quatre heures sur vingt-quatre, sept jours sur sept, trois cent soixante-cinq jours par an, car, statistiquement, il se passe toujours quelque chose à tout moment », ne se rappelle plus ni l'heure, ni le lieu où elle se trouvait lorsqu'elle a reçu le coup de fil du Caire de l'un des animateurs chargés d'accompagner le groupe de collégiens et lycéens de Levallois, âgés de douze à dix-sept ans à peine.

« Je comprends immédiatement, à la tonalité de sa voix, que quelque chose de terrible s'est produit. Il me dit carrément : "Nous sommes tous à l'hôpital." Et là s'ouvre une terrible séquence pour nous tous, élus, personnel municipal, tous les agents publics mobilisables pour faire face à ce drame familial et collectif. » Les mots se bousculent, les images arrivent dans le désordre. Très vite, elle évoque « la petite Cécile, qui est morte ». Tentant de reprendre un fil linéaire du récit, elle poursuit : « Je me rends immédiatement à la mairie. Et là, c'est à moi que revient la responsabilité d'appeler les parents. Un à un. »

J'ose la question, consciente de son indécence : dans quel ordre ? Qui appeler en premier en pareille situation ? D'abord les parents de la petite Cécile ? Isabelle Balkany répond, sans hésiter, les yeux dans le vide, en tirant une bouffée sur sa cigarette : « Non, elle n'est pas morte tout de suite. » Elle marque un silence, temps suspendu, couvert par les flots qui courent sous nos pieds, sous le ponton de bois de l'antique moulin de Giverny, dont la vieille roue bloquée ne tourne plus. Avant de poursuivre : « C'est un moment terrible. Je les appelle à tour de rôle. L'attentat est survenu le dernier jour de leur séjour, au moment où ils visitaient la médina du Caire. Les animateurs les avaient regroupés autour d'un banc, point de ralliement programmé au terme d'une séance de shopping. Les élèves avaient eu l'autorisation exceptionnelle de se disperser, mais pas trop loin, pour leurs achats de souvenirs. Mais voilà, nos enfants avaient été suivis. *Ils* voulaient se faire des Français, et *ils* avaient mis une bombe sous le banc. Quand elle a explosé, ça a été un carnage. L'horreur. » Ignorant tout de cet épisode, je n'ose interrompre ce récit pour comprendre qui est derrière ce *ils*. Un groupe terroriste.

L'ancienne première adjointe au maire de Levallois-Perret et ex-vice-présidente du conseil général des Hauts-de-Seine, chargée des affaires scolaires, reprend son souffle. « L'information a vite circulé. J'ai accueilli en mairie tous les parents, inquiets, bouleversés. Il faut répondre à l'urgence absolue. Un ami, le cheikh Al Jaber, a affrété tout de suite un avion pour ramener, sans attendre, à Paris ceux qui ont été le plus gravement blessés. Les autres ont été rapatriés dans la foulée. Et puis il a fallu tenir les parents éloignés des médias, qui appelaient non-stop, ou de l'armada de micros et de caméras qui a déboulé à la mairie, ce qui est bien normal, mais bon, impossible de répondre à toutes leurs questions, ce n'était pas le moment, nous n'avions aucun recul sur les événements. » Isabelle Balkany reprend alors ses airs de « mamma juive », statut revendiqué, fière de préserver ses petits : « J'ai protégé les parents des journalistes, pas un seul n'a pu joindre un parent. »

Puis il a fallu gérer les psys : « Dépêchés par l'État, quand nos gosses sont rentrés d'Égypte, traumatisés. Des psychologues spécialisés dans ce genre de tragédie. Vous savez quoi ? Eh bien, ça ne fonctionnait pas. Les enfants ne parvenaient pas à leur parler. J'ai alors dégagé tous ces spécialistes et appelé les psys des écoles concernées à Levallois : eux connaissaient nos enfants, qui ont réussi à se confier. Et libérer leur parole. »

Isabelle Balkany enjambe le récit des obsèques de la « petite Cécile », trop lourdes à évoquer. « J'ai porté longtemps une culpabilité épouvantable. Je m'en suis voulu. Pourquoi les avoir envoyés là-bas ? Des parents ont cherché à me rassurer, expliquant que je n'y étais pour rien.

Nous avons érigé une stèle à la mémoire de la petite, dans le plus grand parc de Levallois. J'y vais encore tous les ans. Cet événement a été une déchirure dans mon parcours politique. Je les revois encore… des enfants, vous vous rendez compte ? Des enfants. »

Elle ajoute, en souriant, comme attendrie par les images qui lui reviennent encore, pour ne pas finir sur une note trop triste et redonner de l'espoir, toujours : « Je continue à les suivre et à faire en quelque sorte partie de leurs vies. J'ai appris à comprendre que certains voulaient parler, en avaient besoin, alors que d'autres éprouvaient un besoin irrépressible d'oublier, d'enterrer tout ça. Tous ont réagi différemment, et nous avons tenté d'accompagner chacun comme nous le pouvions. Certains, défigurés par les billes de métal contenues dans les bombes, ont fini par se marier, avoir des enfants. Le petit Mehdi avait plus de cent éclats plantés dans le corps. Lui aussi s'est marié. Pour certains, il est plus facile de parler avec moi qu'à leurs parents. »

Isabelle Balkany, toujours sous le coup de l'émotion, en vient à une conséquence politique de cette crise, comme pour mettre à distance la part humaine, si douloureuse de cette tragédie : « La morale de cette histoire est que nous les avons envoyés dans les meilleurs hôpitaux. Nous avons aidé à payer les soins. Et de ce traumatisme est née une décision politique utile. Le président de la République de l'époque était Nicolas Sarkozy. Je lui ai expliqué que ceux qui étaient finalement le moins grièvement blessés avaient les tympans percés ou des éclats dans les chairs. Or, les médecins civils ne sont pas formés pour soigner ces blessures, apparentées à des blessures de guerre. À savoir quels éclats enlever, pour éviter qu'ils ne rouillent dans les chairs, et quels éclats laisser, parce que le corps finit par les rejeter. Seuls les militaires savent. J'ai donc pris tous les mômes et nous sommes allés à l'hôpital militaire Percy à Clamart. Et c'est sur la base de mon témoignage que Nicolas a pris, quelque temps après, un arrêté établissant que tout Français blessé dans un attentat serait désormais soigné par des médecins militaires. Vous voyez, c'est pour moi cela, faire de la politique. Trouver la solution, sur la base d'un constat. La meilleure possible. »

La souffrance, en politique, se vit souvent en solitaire. Surtout lorsqu'elle procède de cas de conscience complexes. Combien de fois n'ai-je entendu : « Si tu n'es pas d'accord avec les décisions collectives, ou avec ton chef, tu n'as qu'à démissionner ! » Mais même si l'on met constamment en balance les points positifs et négatifs, si l'on essaie d'évaluer sa propre utilité sociale objectivement, le doute est permanent. Est-ce qu'il vaut mieux peser à l'intérieur du système ou bien le contester de l'extérieur ? Comment et où est-on le plus efficace pour aider, combattre la pauvreté, le chômage, les injustices ? À partir de quand le compromis devient-il compromission ?

Il n'y a que les idéologues, ceux qui ne se sont jamais frottés à la réalité du pouvoir, qui ont des réponses claires et définitives à ces questions. Les autres font face à leurs cas de conscience, patientent, cherchent à prendre du recul, quitte à se retourner un jour et réaliser qu'ils se sont perdus en route. Sont-ils faibles ? dépourvus de convictions ? Je ne crois pas, au contraire. Il faut bien du courage pour accepter la complexité du monde et s'accommoder du fait que l'on ne peut pas toujours avoir le beau rôle… L'expérience que m'a relatée une ancienne conseillère ministérielle, ayant vécu la période Hollande puis les débuts du mandat d'Emmanuel Macron, témoigne de ce tiraillement que nos concitoyens ont tant de mal à comprendre, et qui est pourtant si humain, et signe d'un véritable courage.

« La vie d'élu, ou de collaborateur d'élu, ce n'est jamais binaire » dit-elle. « Il n'y a pas d'un côté le bien et de l'autre le mal, ce qu'il faut faire et ce qu'il faut éviter. On fait rarement uniquement ce que l'on veut et comme on le veut. Être Premier ministre, ministre, parlementaire ou élu local, c'est souvent composer avec beaucoup de forces contradictoires, et souvent être contraint de choisir la moins pire des solutions. Je l'ai souvent vu ou vécu, et j'ai fini par le comprendre et l'accepter. Je me suis souvent employée à tempérer mes amis toujours très prompts à critiquer telle ou telle prise de décision, en expliquant très concrètement la réalité parfois cruelle de l'exercice du pouvoir, les règles budgétaires, les rapports de force syndicaux, etc[1]. »

1. Entretien du 10 octobre 2021.

Malgré ce réalisme, il y a toujours un jour où la ligne rouge est franchie : « Il y a pourtant eu un moment où je n'ai pas réussi à comprendre et accepter. Un moment que j'ai personnellement très mal vécu, qui reste encore plus de quatre ans plus tard une meurtrissure, une décision dont je n'ai jamais pu être fière et que je n'ai jamais pu expliquer. Il s'agit de la baisse de cinq euros des APL décidée à l'été 2017. » Cette mesure, qui aura marqué le début du quinquennat Macron, avait un unique objectif : rogner quelques dépenses, afin de boucler le budget de 2018. Elle ne rapportait qu'à peine quatre cents millions d'euros à l'État, mais son coût politique et surtout social était beaucoup plus grand. Désastreux. La conseillère se souvient de ce moment compliqué, qui heurtait ses convictions profondes : « C'était évident ! La mesure allait faire passer *sous* le seuil de pauvreté des gens qui gagnaient déjà très peu, ou encore des étudiants. *In fine*, cela voulait dire : maintenir la tête sous l'eau et précariser encore davantage des ménages toujours plus dépendants des minima sociaux. Après avoir argumenté en interne, défendu ma position en RIM[1], soutenue par les ministres eux-mêmes, qui percevaient bien la dureté et les conséquences de cette mesure, nous avons perdu la bataille. Le Premier ministre de l'époque, Édouard Philippe, a décidé de maintenir la baisse. Ce jour-là, j'en ai pleuré dans mon bureau. » L'ironie de l'histoire est que plusieurs membres

1. Réunions interministérielles, où la ligne gouvernementale fixée par l'Élysée et Matignon est débattue entre ministères.

du gouvernement, quelques mois de Gilets jaunes plus tard et à l'aune des milliards déversés durant la crise sanitaire, ont reconnu que cette décision budgétaire, pour gratter quelques centaines de millions, resterait une très mauvaise idée.

La conseillère remonte le fil de sa vie d'engagement : « Je réalise avec le recul qu'à plusieurs reprises je n'ai pas été à cent pour cent alignée avec ce que l'on me demandait de faire. Mais l'épisode des APL restera le plus coûteux humainement. Il m'a aussi marquée parce que j'avais le sentiment que ceux qui prenaient cette décision n'avaient jamais fait l'effort de se mettre à la place des gens à qui nous allions enlever cinq euros par mois, quand ils en gagnaient à peine cinq cents. » Elle marque une pause et conclut en hochant la tête : « Cinq euros, le prix d'un café pour un habitant du 7e arrondissement de Paris et deux jours de repas pour un étudiant boursier. »

Oui, la politique est parfois un fardeau, qu'il faut porter en solitaire. C'est une souffrance fréquemment générée par l'incompréhension. Une incompréhension qui est souvent mutuelle, mais qui parfois émane exclusivement de nous, citoyens. Nous ne comprenons pas, ou ne cherchons plus à comprendre, les élus et les contraintes qui pèsent sur eux.

Benjamin Djiane raconte un de ces moments de solitude, vécu alors qu'il débutait son premier mandat d'adjoint au maire du 3e arrondissement parisien :

C'était mon premier conseil de quartier. Je venais d'être élu au conseil d'arrondissement. Comme la plupart des élus de la majorité municipale, j'avais été nommé élu référent pour un quartier avec comme mission d'établir des liens réguliers avec les habitants, en assistant notamment régulièrement aux conseils de quartier, moments phares de la démocratie participative. Je croyais savoir à quoi m'attendre. Ce sont des réunions qui peuvent parfois être houleuses, car elles permettent aux mécontentements, aux colères de s'exprimer. Ma surprise fut totale. Mes contraintes professionnelles avaient fait que j'étais arrivé en retard, de dix minutes. Mauvais début, immédiatement considéré comme une forme de mépris... Dans la salle, toute petite, une centaine d'habitants m'attendaient. Leur sujet de préoccupation : la création, dans une rue étroite, typique du Marais, d'un concept de rue commerçante, à l'initiative d'un entrepreneur, ayant apparemment fait fortune. Dans cette affaire, même si elle avait fait part d'un relatif enthousiasme, la Mairie n'avait en réalité pas grand-chose à dire. Il y a la liberté du commerce. Mais j'ai eu l'impression d'être le paratonnerre.

À chaque interpellation, je devenais de plus en plus responsable de tout. Du bruit qu'il allait y avoir. De la saleté. Des embouteillages. Du changement irrémédiable du quartier dans lequel on est si bien. J'étais jeune élu, et j'étais déjà responsable, disons coupable de tout. Alors que je devais être un des leurs, leur représentant, capable de porter leur voix, les habitants m'avaient mis du côté des « autres ». C'est d'ailleurs une incompréhension fondamentale que j'ai ressentie tout au long de mon mandat. J'ai tenté tant que j'ai pu de toujours bien dire que l'élu est comme le président d'un syndic. Il défend les intérêts de ses semblables. Le message est-il passé ? Parfois. Mais à la décharge des habitants, beaucoup trop d'élus se font les défenseurs systématiques de « leurs services », alors que ce ne sont pas les leurs. Ce sont ceux de la collectivité dans son ensemble, autant ceux des élus que des administrés[1].

Il est impopulaire, voire sans doute un peu indécent, d'affirmer que la vie des élus et de leurs collaborateurs est une vie professionnelle qui peut s'avérer difficile. Psychologiquement, c'est incontestable, mais parfois aussi physiquement et financièrement. Au prétexte qu'évoquer ces difficultés serait mettre en concurrence des souffrances incomparables – celles du chômeur, de l'ouvrier faisant des travaux pénibles, celle de la mère élevant ses enfants seule avec un petit salaire… –, nous ne faisons plus l'effort de comprendre ce qu'est le quotidien de nos élus. Nous ne faisons plus l'effort de les humaniser, et donc de les accepter comme imparfaits. Le fait que les maires soient les derniers élus populaires n'est pas un hasard : la proximité humanise, permet de toucher du doigt les contraintes dans lesquelles nos élus sont empêtrés et invite à une forme de bienveillance et de compréhension dont notre vie publique nationale manque cruellement.

1. Entretien du 8 octobre 2021.

La traîtresse

Rarement un nom de personnalité aura cristallisé autant de détestation, de racisme et de haine, faisant injustement peser, à son corps défendant, sur ses seules épaules, la responsabilité d'une réforme impopulaire, décidée par d'autres, un ignoble procès en incompétence. Il la hante encore aujourd'hui, sans parler des menaces proférées à son endroit, sur les réseaux sociaux, à l'encontre de ses deux filles, sans parler encore de la vindicte populaire, qui s'est matérialisée un matin funeste, sous les fenêtres de son domicile, avec ces visages marqués par la colère, ces poings levés, comme si leur cible devait être lynchée en place publique. Son nom a durablement barré les banderoles de centaines de milliers de manifestants, au point de devenir un sobriquet, résumant à lui seul le rejet d'un président honni.

Myriam El Khomri, en acceptant de rejoindre le gouvernement de François Hollande, à la faveur du remaniement du 26 août 2014, après l'éviction d'Arnaud Montebourg et de Benoît Hamon, ignore que cette promotion va vite se transformer en cauchemar.

À l'origine, cette jeune pousse prometteuse est une héritière de « la bande des quatre » du 18e arrondissement de Paris, Claude Estier, Lionel Jospin, Daniel Vaillant et Bertrand Delanoë, illustres anciens qui lui ont transmis la passion et les valeurs de partage, de solidarité, d'engagement.

Elle raconte : « Je suis venue en politique après le 21 avril 2002, parce que la menace de l'extrême droite m'a donné envie de m'investir, moi qui me suis toujours mobilisée pour aider les populations fragiles, les femmes victimes de violences, j'ai travaillé sur le plan crack du nord-est parisien, l'aide sociale à l'enfance… Mon identité de base est un socialisme des solutions, pas un socialisme de salon[1]. »

Réélue conseillère de Paris aux municipales de mars 2014, aux côtés de la nouvelle maire, Anne Hidalgo, adjointe en charge de la protection de l'enfance, spécialiste des questions de sécurité, Myriam El Khomri rencontre peu après le président de la République lors d'un dîner organisé par Daniel Vaillant. François Hollande, séduit par sa vivacité d'esprit, la fera secrétaire d'État à la Politique de la ville, puis, un an plus tard, le 2 septembre 2015, ministre du Travail, de l'Emploi, de la Formation professionnelle et du Dialogue social. C'est là que le procès en illégitimité va vraiment commencer, cette promotion lui sera fatale.

Son profil n'est pas idéal : le social n'est pas sa spécialité. Le job est à haut risque. Son prédécesseur, François

1. Entretien du 29 septembre 2021.

Rebsamen, a préféré se replier à la tête de sa mairie de Dijon. La loi relative au travail, à la modernisation du dialogue social et à la sécurisation des parcours professionnels, dite « loi travail », présentée début 2016, a pour ambition de réformer le Code du travail pour favoriser l'embauche, tout en protégeant les salariés, une tentative de flexisécurité en France, qui a fait ses preuves dans l'Allemagne de Gerhard Schröder, destinée à faire baisser l'infernale courbe du chômage sur laquelle François Hollande a indexé son propre destin. Le Medef signe, l'opposition proteste, jusque dans les rangs du PS, et les syndicats défilent dans la rue durant tout le printemps. Le débat s'envenime au Parlement. Manuel Valls et son gouvernement sont haïs par toute une frange de la gauche. Les députés socialistes frondeurs, à deux voix près, et à deux reprises, vont échouer à déposer une motion de censure jusqu'à l'adoption de la loi le 8 août, par un passage en force, un recours au 49.3 vécu comme un affront suprême, et qui scellera le divorce entre le président et une large partie de ses électeurs. Ceux-ci ont vécu cet épisode comme une trahison, une de plus, après la controverse autour de la déchéance de nationalité survenue au sortir des attentats de Paris.

Durant ce conflit social, qui s'est déroulé en grande partie dans la rue, la « loi travail » est devenue dans la bouche de ses détracteurs… la « loi El Khomri ».

C'est une question de fond : un gouvernement impopulaire peut-il prétendre incarner l'intérêt général dans une démocratie ? Et servir son pays signifie-t-il servir sa famille politique ?

« Je me suis traîné ce procès en incompétence tout au long de mon mandat, se souvient l'ancienne ministre. Je suis venue en politique par Bertrand Delanoë. Avec l'idée que la politique est un collectif, qu'il faut de l'ancrage local, de la cohérence, de la constance. Ce sont pour moi des règles intangibles. Et je ne les retrouvais pas dans la manière dont nous avons fait de la politique à partir de 2012. J'ai eu à affronter les frondeurs du PS, qui n'avaient pas été *traités* depuis la mise en route du Pacte de responsabilité et de solidarité, censé alléger les charges des entreprises sur le travail. Ils se sont donc engouffrés dans la loi travail. Certaines oppositions étaient purement opportunistes. Je me souviens de Christian Paul, le député de la Nièvre, venant en réunion à Matignon pour nous expliquer "qu'à tort ou à raison, cette loi était considérée comme libérale". Lui et les autres se disaient que s'ils se décollaient de François Hollande, ils sauveraient peut-être leur siège aux législatives à la sortie du quinquennat. La loi travail a été l'otage de cette volonté de faire tomber et Hollande et Valls. J'ai toujours considéré que servir son pays, c'était faire des compromis. Sur certains aspects, cette loi valait le coup, elle comportait des progrès réels. C'est à cela que j'étais attachée, pour cela que je me battais. Dans cette situation, et je l'ai éprouvé des mois durant, on ferme sa gueule ou on démissionne. »

Myriam El Khomri marque une pause, rassemble ses cuisants souvenirs, et poursuit le récit.

« J'ai été solidaire du gouvernement. Je suis même allée jusqu'à proposer ma démission à François Hollande, afin d'obtenir la réouverture du dialogue avec les syndicats. Mais cela s'est déroulé en coulisse, je n'ai pas jugé utile de le faire savoir, la confidentialité, c'est important, pour la reconnaissance de la politique, la cohérence de l'action publique. Au final, le 49.3 aura été pour moi une frustration terrible : soudain, on t'enlève toute la pédagogie de ta loi, celle qui porte ton nom, celle sur laquelle tu bosses depuis plus de huit mois. Ta propre personnalité est comme avalée, tu es effacée, tu disparais corps et âme dans un conflit social qui te dépasse. J'avais pourtant un parcours, élue à 30 ans, j'ai porté tant de choses à Paris, le premier plan de protection de l'enfance, entre autres. Tout ce que j'ai pu faire dans mon engagement local, avant la fameuse émission de Jean-Jacques Bourdin – celle où il m'a demandé combien de fois on pouvait renouveler un CDD –, n'existait plus. Du jour au lendemain, à cause d'une réponse erronée donnée dans un moment de stress, j'étais devenue incompétente. »

La vie politique connaît parfois des moments cruels. La trajectoire de Myriam El Khomri s'est brisée le matin du jeudi 5 novembre 2015, trois mois avant la présentation du texte de loi alors en préparation. Invitée de la matinale de BFM-TV, la ministre du Travail *se plante* sur le nombre de renouvellements possibles d'un CDD en entreprise. Jean-Jacques Bourdin, comprenant qu'elle ne maîtrise pas totalement la question, ferre sa proie : « On peut le renouveler combien de fois, le CDD ? » insiste le journaliste. La scène a quelque chose de dérangeant, voire cruel. Celle qui est censée connaître son sujet se délite, littéralement, son regard se perd, elle balbutie en direct : « Trois fois. » Non, c'est deux. Myriam El Khomri finit par admettre qu'elle ne connaît pas la réponse.

Ce crash en direct va la poursuivre des mois durant : « Je n'étais pas prête, je ne le sentais pas. Je détestais les médias. Bourdin m'a harcelée pour y aller. Il me pose la question fatale, je pense "trois contrats", je suis sous pression, donc je réponds "trois", il me demande si j'en suis sûre, et le coup est parti. Non, je n'étais vraiment pas faite pour ça. Ma façon de faire de la politique s'accommode assez mal de la petite phrase qu'il faut commenter ou lâcher dans les médias. Le procès en incompétence s'est ouvert avec brutalité ce jour-là, je l'ai traîné tout au long de mon mandat. Il y a eu le traitement médiatique délirant que j'ai reçu lorsque j'ai simplement glissé dans ma douche, un matin. Il a aussi été dit et répété partout que je n'avais jamais travaillé, alors que j'avais commencé à seize ans. J'ai subi de plein fouet la violence des réseaux sociaux. Cet épisode, dès novembre 2015, m'a appris la distance et l'humilité. »

Lorsque vous dépassez un certain niveau de notoriété, vos moindres faits et gestes deviennent à votre corps défendant des faits politiques. Jusqu'à l'absurde.

Au moment de l'annonce de la très contestée loi travail, au printemps 2016, Myriam El Khomri a été victime d'un de ces épisodes aussi absurdes que douloureux. Un article du journal *Le Parisien* venait de mettre le feu aux poudres, en révélant en exclusivité certaines mesures contenues dans une version provisoire, inaboutie, du projet gouvernemental. La levée de boucliers fut immédiate, tant au sein de la majorité de gauche que chez les syndicats, jusqu'aux plus proches du gouvernement, telle la CFDT.

« Deux ou trois jours après l'article du *Parisien*, raconte Myriam El Khomri, je glisse un matin dans ma douche. Accident tout ce qu'il y a de plus banal et absurde. Je devais être interviewée dans *Les 4 vérités* de France 2 quelques dizaines de minutes plus tard, et ai été contrainte à annuler. Mon mari et mes filles, qui étaient alors à Bordeaux, apprennent par la presse que je suis hospitalisée… Tout de suite, les spéculations se sont multipliées. Le président de la République lui-même, interrogé en cours de journée lors d'un déplacement, a dû chercher à faire retomber la pression, en parlant d'un simple "accident domestique". Mais cela n'a pas empêché les uns et les autres, y compris au sein de nos propres rangs politiques, de spéculer et d'en faire une arme politique. J'ai tout entendu : "Avait-elle les épaules ?", "Elle était fragile"… Un fait purement personnel, relevant du hasard du quotidien, était soudain devenu un symbole politique : celui de mon incompétence, de mon manque d'expérience et de résistance à la pression, qui s'annonçait forte vis-à-vis de ce projet de loi… »

Très vite après l'annonce de la réforme, la colère et la haine atteignent des sommets. La ministre, mariée, mère de deux filles, va vivre ces agressions jusque dans son intimité. Les « El Khomri crève » ou « salope » par centaines sur Twitter. Les tags « 49.3 », « sale Arabe », « on sait où sont tes filles, elles finiront sur des grilles », que les enfants, forcément, finissent par voir : « On a déposé plainte, en vain, de toute façon, tu n'es informé de rien, même quand c'est classé sans suite. » Il y a eu cette envie, avec Najat Vallaud-Belkacem, alors ministre de l'Éducation nationale, d'imprimer ce flot d'horreur déversé au quotidien sur les réseaux et d'inviter les journalistes à venir voir de leurs propres yeux cette réalité-là.

La présence de l'officier de sécurité s'est arrêtée en juin 2017, nouveau quinquennat oblige. Mais les menaces ont continué plus de six mois après. Il a fallu apprendre à vivre dans le discrédit et la peur.

Myriam El Khomri se souvient de ce petit matin du mercredi 8 juin 2016, où un nouveau cap est franchi : « Même si mon nom a été jeté en pâture dans les manifs, j'avais réussi à vraiment cloisonner vies privée et publique. Jusqu'à ce jour-là. Ironie : nous avions, la nuit précédente, sauvé le régime des intermittents. Trop tard. Ils avaient publié mon adresse personnelle dans un communiqué de presse. Et ont débarqué tôt, en bas de chez moi. Mes filles sont scolarisées en REP[1], pas loin, porte de Saint-Ouen. Je ne suis pas du genre à prôner pour les autres ce que je ne m'applique pas à moi-même, on

1. Réseau d'éducation prioritaire.

reproche souvent à la gauche de défendre l'école publique et de mettre ses enfants dans le privé… »

L'ancienne ministre n'oubliera jamais ce moment de tension mêlée de crainte, ce sentiment de ne plus être protégée, y compris chez soi : « Une bonne cinquantaine d'intermittents crient sous vos fenêtres, avec des haut-parleurs. Il n'est que 6 h 45. Je n'en reviens pas. C'est donc allé jusque-là, jusque dans ce sanctuaire, mon intimité, ma vie de famille. Il n'y a plus de limite. Mes filles, du coup, sont empêchées d'aller à l'école. Quand c'est dur comme ça, il y a quand même de l'espoir. Une institutrice qui habite au bout de la rue prévient l'école. Quand j'y repense, je me dis que j'ai eu la chance que les habitants du 18e me soutiennent. Il y a un vrai réseau de solidarité, d'entraide, là où nous vivons, ceux qui me connaissaient ont été tout simplement extraordinaires. »

Myriam El Khomri revoit le visage de ses filles, en bas âge, effrayées. Percevaient-elles alors que leur maman était devenue une sorte d'ennemi public numéro un, honnie par une bonne partie de la population ? « Nous étions à un moment où le pouvoir était faible, divisé et décrié politiquement. Cet épisode a été un lâchage de haine. Le combat politique doit porter sur les idées, les projets. Il ne mérite certainement pas la menace physique des élus, la mise en danger des miens. Heureusement, à ce moment-là, vous avez quand même tous ceux – et je n'oublierai jamais Bertrand Delanoë – qui vous apportent beaucoup d'affection et du courage. J'ai eu des soutiens de tous bords. Mais depuis cet épisode, je n'ai plus du tout eu envie d'exister sur la scène médiatique. »

Ce jour-là, le président François Hollande déclare en Conseil des ministres : « Ce qui s'est passé ce matin avec ces actes de violence est parfaitement inadmissible. » Cela n'ira pas plus loin. Le pouvoir est embourbé dans sa loi travail, les incidents se succèdent, il lui faut en finir au plus vite.

Cette période de la vie de Myriam El Khomri aura été son chemin de croix. Quand *servir* se résume tout à coup à *subir*. L'élue de la nation devient alors l'incarnation d'une détestation. Elle cristallise tout ce que les électeurs ont voulu dans un premier temps, et rejettent par la suite, parce qu'à leurs yeux les engagements de départ ont été trahis. Et peu importe si ce n'est pas cette ministre qui s'est engagée en 2012, elle va endurer pour les autres, vilipendée dans la rue, le pouce baissé, comme dans les jeux du cirque.

Mais les coups viennent aussi de son entourage : « J'ai vécu des petites lâchetés, des trahisons. Mon conseiller Pierre Jacquemain a claqué la porte avec fracas, pour aller expliquer plus tard dans les médias que je ne décidais de rien dans mon ministère. » À l'époque, l'intéressé expliquait sa réaction à *L'Humanité* : « J'ai peu à peu compris que nous perdions la bataille. En réalité, la politique du ministère du Travail se décide ailleurs, à Matignon. C'est le Premier ministre qui donne le ton. Après le rapport Combrexelle, Myriam El Khomri avait pourtant une grande ambition. Elle a mené une concertation fructueuse avec les partenaires sociaux, qui a débouché sur de réelles avancées. Malheureusement, aucune de ces avancées n'apparaît dans le projet de loi final[1]. »

Après un soupir, Myriam El Khomri reprend : « Par-delà ces abandons en rase campagne, il y a eu un élément déclenchant : ce que je vivais contredisait tout ce que j'étais. Je veux la transparence. J'aime à trouver les solutions, je suis d'un naturel positif, il nous faut être créatifs face aux problèmes, savoir inventer. Prenez par exemple la toxicomanie, sujet que je connais bien pour l'avoir traité. Évacuer des squats ne sert à rien s'il n'y a pas d'accompagnement. Il se trouve que j'ai créé à Paris, en 2004, le premier réseau réunissant tous les acteurs concernés. »

Ça, c'était sa vie d'avant. Au ministère du Travail, il y avait à ses yeux peu de place pour l'inventivité, pour tenter de trouver la sortie de crise. Elle a souffert de ne pouvoir renouer les fils du dialogue pendant près de trois ans de ministères, à la Ville puis au Travail : « Il y avait trop d'enjeux. Et pourtant, c'est cette complexité-là que vous devez gérer, celle de la réalité du terrain, celle justement que le politique au plus haut niveau est sans cesse tenté d'escamoter, de cacher. Il n'y a plus vraiment de collectif, c'est le règne de la petite phrase. La politique aujourd'hui est de moins en moins celle que j'aime faire. Il y a une

1. « Pourquoi j'ai quitté le cabinet El Khomri », *L'Humanité*, 29 février 2016.

forme de résignation. Il faut trop souvent apprendre à vivre avec l'image de ce que l'on n'est pas. »

Et puis, il y a justement ce drame intime, profond, cette altération de votre propre image, comme si soudain, tout ce que vous êtes au plus profond de vous-même se détachait, malgré vous. Une sorte de dédoublement de l'image publique, une perte de l'identité en somme.

« J'ai été vue comme une incapable, une marionnette. C'est terrible. Ça me collait à la peau. »

Vos réalisations, vos actes, tout est passé à la moulinette de la colère. Myriam El Khomri cherche à s'accrocher toutefois à des signaux positifs, comme des lots de consolation, qui arrivent trop tardivement : « La Cour des comptes a loué l'efficacité de la garantie jeunes, dispositif que nous avions initié. L'inversion de la courbe du chômage date aussi de cette époque, bien avant la présidence Macron. Quelle ironie ! Ce type de réhabilitation n'a pourtant rien changé au regard de l'opinion publique, celui qui restera au final. »

Celui d'une traîtresse à la cause. Une femme qui portait « un non-sens politique », comme l'expliquait Pierre Jacquemain, à l'unisson des fameux frondeurs du PS sous le quinquennat Hollande. « Quand on se dit de gauche, quand on s'estime progressiste, je ne vois pas comment on peut soutenir un tel texte », expliquait, toujours dans *L'Humanité*, son ancien collaborateur, qui a démissionné avec fracas.

Myriam El Khomri en fait le constat, la mine grave : « C'est vrai. J'ai personnellement incarné la trahison des idéaux de la gauche au pouvoir. Mon nom a cristallisé tout le rejet de Hollande. Mes combats politiques depuis plus de vingt ans n'existaient plus, ils ont été évacués, effacés. »

Il lui aura fallu une sacrée dose de courage pour affronter la vague, puis se reconstruire : « Le courage est une qualité que nous ne nous découvrons que dans l'adversité. La loyauté en politique, nous en avons besoin, mais elle disparaît dans la tempête. Chacun joue sa partition. » Elle se nichait là, sa grande faiblesse, d'être simplement une femme heureuse, sans souci personnel, sans ambition dévorante, celle qui vous fait tuer votre voisin pour réussir : « Je n'avais pas assez d'ego. La politique assèche, tu en prends plein la gueule. Je n'ai jamais attendu de la reconnaissance, car l'action publique est belle quand elle est collective, désintéressée. Mais quand tu es ministre à quatre-vingt-dix pour cent de ton temps, c'est du management, il faut le savoir. Tous les mois, j'avais ma visio avec les préfets de région, les directeurs régionaux de Pôle emploi, c'était une action collective, à bas bruit. Aujourd'hui, le chacun pour soi au sein des partis et la politique des *punchlines* dans les débats à la télé ne permettent plus ça. »

Et puis, il y a les clichés, voire une forme de racisme ordinaire : « J'étais jeune, femme, issue de la diversité. Donc, forcément pas là pour ma compétence. J'ai fait une fois *Le Club de la presse*, sur Europe 1. Catherine Nay me demande : “Mais pourquoi avez-vous gardé votre nom de jeune fille ?” Comme si j'avais voulu exploiter le quota diversité. On a mis ma tête en haut des grilles d'une préfecture. Sur les réseaux sociaux, j'étais représentée en burka, en train de défendre la loi à l'Assemblée nationale. Quelqu'un nous a représentées, Christiane Taubira, Najat Vallaud-Belkacem et moi-même, sous le titre *La nouvelle planète des singes*. Il y a également eu Jean-Claude Mailly, le leader de FO, qui a rebaptisé la loi "El Macron". Les gens se permettent des choses incroyablement irrespectueuses. Cela me choque encore. »

Myriam El Khomri dit avoir tourné une page sur cette expérience si difficile : « Plein de papiers dans les médias ont dit des conneries sur moi. J'ai appris à mettre une distance entre le personnage public et moi-même, cela a été compliqué. Finalement, les gens qui aujourd'hui viennent vers moi et me parlent sont ceux qui m'apprécient, ou du moins veulent me connaître. La manière dont tu vis ta notoriété compte énormément. Cela se passe bien avec ceux que je rencontre, parfois même avec des élus de la CGT, les discussions sont franches, sincères, je me dis que c'est ce qui est important, il n'y a rien d'autre. La relation directe, c'est l'anti-réseau social, je m'y investis à fond, je me raccroche aux témoignages de ceux que j'ai pu aider concrètement. »

L'ancienne ministre a repris le terrain, là où elle se sent en phase sincère, au contact des gens, qui changent leur regard sur elle au fil des rencontres, comme si elle recherchait toujours, cinq années plus tard, à réparer ce qu'elle ne pourra jamais oublier : « Même le téléphone, quand il sonne, je le vis comme une agression, depuis l'épisode Bourdin. J'investis dans la relation avec les autres. Je repense souvent à la chemise déchirée des deux cadres d'Air France, agressés par des manifestants à qui ils tentaient d'expliquer un plan de restructuration lors d'un CCE[1] à Roissy. L'image du DRH tentant d'escalader une grille torse nu a fait le tour du monde. Tu ne comprends pas la loi travail si tu ne comprends pas cet épisode-là. L'échec de la loi travail, le vrai, c'est que personne ne savait ce qu'il y avait réellement dedans. »

L'ancienne ministre se souvient de sa parenthèse au sommet du pouvoir comme d'une terrible épreuve, un moment impitoyable où il faut apprendre à survivre : « La politique est un engagement, pas un métier. Ministre, c'est un dimanche de libre tous les quinze jours, dix jours de vacances dans l'année, et ça pendant trois ans. Je l'ai fait avec bonheur. Même si les règles de vie sont rudes. La nouvelle du jour sert à emballer le poisson du lendemain. Le temps fait son œuvre. Je suis persuadée aujourd'hui que cette loi a eu un impact. »

Le pense-t-elle réellement ? Ou veut-elle chasser ce *tout-ça-pour-ça* entêtant qui hante parfois ses songes ? Elle qui échange, croise, confronte les expériences, pour tenter de comprendre – mais l'ignore-t-elle réellement – à quel moment la mécanique aura dérapé, et sa propre maîtrise des éléments lui aura échappé : « J'ai échangé avec Roselyne Bachelot sur les vaccins, elle qui est revenue en

1. Comité central d'entreprise.

grâce au moment de l'épidémie de Covid-19. "Le temps fait son œuvre, Myriam", m'a-t-elle glissé. »

Combien de fois a-t-elle discuté avec des chauffeurs de taxi, confrontés à la vraie vie au quotidien, et combien de fois lui ont-ils répondu qu'ils pensaient que ces privilégiés au pouvoir bénéficiaient d'un chauffeur et d'un officier de sécurité à vie ! A-t-elle à chaque fois regardé ailleurs, estimant la cause perdue ? « Je leur réponds : ben non, les indemnités durent trois mois, vous ne pouvez pas vous inscrire à Pôle emploi, et il faut trouver un boulot. J'aurai tout entendu. »

Il n'y a pas que la diatribe envers les élites. Il y a aussi le procès en pauvreté. Puisque tu n'as rien, forcément, tu ne peux rien : « Je me rappelle cette critique sidérante : comme je n'avais pas de patrimoine, étant pauvre, je n'étais donc pas capable de gérer la France, puisque je ne m'étais pas enrichie. »

Le temps a fait son œuvre, et au fond, sa vie est plutôt heureuse aujourd'hui. L'ancienne ministre circule en métro depuis juin 2017, les gens ne l'agressent plus. Elle s'est reconvertie dans le conseil, dans les RH, les ressources humaines, son ADN, et a retrouvé une certaine sérénité, avec la fierté d'avoir fait les choses par elle-même : « Cela n'a pas de prix. Je remplis mes obligations auprès de la Haute Autorité [pour la transparence] de la vie publique, à qui je livre chaque année la liste de mes clients. C'est quand même un truc dingue : quand j'ai créé mon entreprise, la HATVP ne m'a pas autorisée à travailler pour les sociétés permettant l'accompagnement des jeunes stagiaires auxquelles j'avais fait signer la charte Entreprises et quartiers, en tant que secrétaire d'État à la Politique de la ville. J'ai demandé aux entreprises de s'engager pour les jeunes des quartiers populaires, je n'y gagnais rien sur le plan personnel, ce n'était pas une ristourne fiscale en contrepartie d'une mission de conseil quatre ans plus tard. Il faut donc en faire le moins possible, cela pousse à l'immobilisme. »

Elle pousse un soupir. Avec le recul, est-ce que tout cela en valait vraiment la peine ?

Myriam El Khomri tranche la question : « Quand tu as 40 ans, avec cette énergie-là, à quoi ça rime, si cela t'amène de la peur ? Quand j'ai été attaquée, le soutien aurait dû être unanime. La classe politique a manqué de courage. Aller en politique dans ces conditions, ça n'a plus de sens. Si j'avais insisté, je me serais épuisée. J'ai tourné la page. Je n'ai aucun regret. »

Il est peut-être là, l'échec, le vrai, de la politique. Cette incompréhension entre ceux qui ont été élus pour mener à bien de difficiles réformes, et ceux qui les ont choisis pour les représenter, mais ne les comprennent plus. Il y a un fossé entre les promesses électorales et l'exercice du pouvoir. Vous vous faites élire pour un monde meilleur, et vous vous cognez très vite à la réalité économique et sociale du pays, à ses contraintes budgétaires et au tsunami médiatique enclenché derrière chaque mot de travers.

L'élu de terrain qui devient ministre de la République ressent le même choc que l'employé du mois bombardé d'un coup patron de la boîte : ceux-là mêmes qui vous plébiscitent, parce que vous leur ressemblez, ne tolèrent plus ensuite la moindre erreur et vous accusent de trahison, par défiance, impatience. Et si vous n'êtes pas armé ou si vous ne détenez pas les codes, alors il faut vous accrocher, parce que ça va tanguer, jusqu'à ce que vous soyez balayé. Le peuple, le pouce baissé, et vous, en bas, dans l'arène.

Les guerrières

Lundi 11 octobre. Il est midi. Comme chaque semaine depuis un mois, la candidate socialiste Anne Hidalgo réunit par Zoom son conseil politique.

On y voit Johanna Rolland, la maire de Nantes et directrice de campagne. Mathieu Klein, maire de Nancy, en charge du programme de la candidate. Stéphane Troussel, président de la Seine-Saint-Denis, en charge de la communication de la candidate. Patrick Kanner, patron des sénateurs socialistes. Carole Delga, à la tête de la région Occitanie, brillamment réélue quelques mois auparavant. Ou encore Michaël Delafosse, maire de Montpellier. Quelques élus parisiens, proches de la candidate, complètent le tableau.

Autour de la table virtuelle, les meilleurs jeunes talents d'un Parti socialiste qu'on ne finit plus d'enterrer côtoient les vieux briscards. Après une courte introduction – hachée par une mauvaise qualité de réseau – de la directrice de campagne, les uns et les autres enchaînent remarques et récriminations.

« On ne sait pas si on saura remplir la salle du 23 octobre ! » dit l'un, à propos du jour de la présentation officielle de l'équipe de la candidate, où celle-ci doit relancer une campagne présentée comme enlisée par la presse.

« Comment traiter Rebsamen ? » enchaîne un autre, en faisant référence à la défection du maire de Dijon, socialiste historique, que le *JDD* a annoncé comme en partance pour la Macronie la veille.

« Nous n'avons pas de kit de campagne à distribuer ! » se plaint un troisième.

Les sondages qui stagnent, les médias malveillants, tout y passe.

Derrière son écran, la candidate écoute. Elle laisse un moment les propos filer, puis interrompt d'un coup, avec une autorité que ceux qui ne la côtoient que par écran interposé – ce qui a très longtemps été mon cas – ne lui connaissent certainement pas. La tirade sort d'un trait, un cri du cœur qui évacue les tics de langage et les hésitations auxquels le spectateur est habitué.

> Alors, je vais vous le dire tout de suite : si nous sommes là pour parler des défections qui n'ont rien de surprenant et de la jauge des salles de meeting, alors ce n'est pas la peine. Cette réunion vise à définir la stratégie de notre campagne, quelle politique nous voulons proposer aux Français. Pas à se plaindre, ni à se focaliser sur l'intendance !
> Moi je propose, je fais des médias. J'avance. Hier j'ai fait

France 3, et une interview à la presse quotidienne régionale. Nous n'aurons pas une telle couverture médiatique tous les jours. Si vous n'êtes pas capables de relayer cela, et de le valoriser, alors à quoi bon ?
À un moment donné, soit on considère que nous sommes là pour tenter de sauver la gauche, et offrir un autre avenir aux Français, et dans ce cas on se retrousse tous les manches et on y va, soit on abandonne et on se remet à nos tambouilles habituelles, et à se plaindre de ne pas être compris.
Les Français nous attendent, ceux de gauche nous espèrent, les plus modestes et les classes moyennes ont besoin de nous. Nous sommes là pour porter leurs espoirs. Nous ne pouvons pas nous permettre de tergiverser, de nous chamailler, de douter, encore moins de nous plaindre !
Face à nous il y a Zemmour, il y a Le Pen, des gens qui ne s'embarrassent pas de tous les doutes qui nous assaillent. Ils ne jouent pas aux bons élèves, ils ne prennent pas de précautions, ils y vont ! Donc ce que je vous demande, c'est d'y aller, je ne peux pas tout faire toute seule. Demandez-vous un peu ce que vous pouvez faire pour la campagne, plutôt que de me dire sans arrêt à moi ce que j'aurais dû faire.
S'il y a des questions de fond dont nous devons débattre, allons-y. Nous sommes là pour ça. Mais s'il s'agit de se trouver des excuses, par avance, pour justifier un échec anticipé, alors que chacun rentre chez soi.

La passion, l'autorité et l'énergie qui transparaissent sont palpables. Nulle rancœur cependant. Un silence se fait. On imagine les participants ravaler leurs récriminations et jérémiades, honteux. En quelques mots, la candidate a fait la démonstration éclatante qu'elle était à sa place, celle de la cheffe, et que pas un seul de ses interlocuteurs du jour n'avait ni l'épaisseur, ni le courage, ni la hauteur de vue pour espérer la supplanter de sitôt…

Mais cette tirade formidable dit autant l'envie, l'invincible espoir que la politique peut porter, que l'immense solitude dans laquelle elle enferme ceux qui aspirent aux plus hautes fonctions. Les sondages, toujours plus mauvais, vont s'enchaîner au fil des semaines suivantes, au point qu'une candidate surprise – Christiane Taubira – se lancera à l'aube de 2022 pour tenter de reprendre le flambeau. Mais quelles que soient les péripéties, c'est à la candidate et à elle seule que tous, y compris ses plus fervents soutiens, feront porter toutes les responsabilités, et surtout celle de l'échec. La victoire est collective, la défaite est toujours solitaire. Anne Hidalgo le sait, comme tous les grands politiques. Sa proposition, que la plupart de ses soutiens politiques ont ignorée jusqu'à la dernière minute, d'une primaire de la gauche, lancée comme un SOS, sonne aussi comme un grand « fuck you » à tous ceux qui, animés par leurs propres calculs carriéristes, l'auront soutenue comme la corde le pendu.

Il y a d'ailleurs dans la démarche de Christiane Taubira une forme de courage, voire de panache, assez proche. Certains de ses compagnons de route rappellent le parcours du combattant que fut sa candidature de 2002 : « Les médias français la méprisaient, les seuls qui soient venus l'interviewer au tout début, c'était CNN et le *New York Times*… Car eux se disaient : "Une candidate noire, qui vient de Guyane, à gauche !?" Ici on encense Obama, mais on a méprisé Taubira à la présidentielle, elle n'était invitée nulle part dans les médias avant d'avoir ses 500 signatures[1]. »

Eux démentent catégoriquement toute responsabilité de la candidate du PRG dans la défaite de Lionel Jospin, rappelant qu'il n'est venu à l'idée de personne de faire ce procès à Jean-Pierre Chevènement ou Noël Mamère, qui ont réalisé alors respectivement 5,33 % et 5,25 %, là où la députée de Guyane n'a réuni que 2,32 % des voix. Pourquoi lui faire supporter à elle seule un tel fardeau ? Jospin n'a-t-il pas simplement raté sa campagne ?

Icône de la gauche, depuis son passage au gouvernement sous la présidence de François Hollande ? Sans aucun doute, lorsqu'on observe l'enthousiasme de ses électeurs, en particulier les plus jeunes. Ses proches de longue date sont plus réservés, tant le mot « icône » leur semble éloigné de ce qu'est et cherche à être Christiane Taubira : « Elle convainc, elle incarne… La célébrité, la notoriété, la cote de popularité, tout cela ça vient, ça va… ce n'est pas ça qui la concerne, qui l'anime et la fait agir. »

Ceux qui, à l'aube de 2022 et alors qu'elle n'a pas formellement déclaré sa candidature, croient dur comme fer dans la possibilité d'une victoire sont formels : quand

1. Entretiens les 1er et 2 janvier 2022.

on est comme elle, c'est-à-dire que l'on n'a pas de fonds de commerce, pas de parti, pas non plus de carrière à construire, et quand on vient d'où elle vient, on y va pour gagner. Ils insistent sur ce qu'elle représente pour toutes les jeunes femmes de ce pays, quels que soient leur milieu, leur génération… Les 18-35 ans sont en grande partie derrière Taubira aujourd'hui – « et ce n'est pas parce qu'elle est sur TikTok ! Ce n'est pas quelqu'un de racoleur, elle sème, quand les autres s'aiment. Elle sème depuis des années un discours, une sincérité, une authenticité, et ne renie pas une virgule de ses combats même les plus anciens ».

On a néanmoins l'impression qu'elle hésite à se lancer… « Évidemment ! nous répond-on, ce n'est pas un prix à un concours de beauté, ou de mots croisés, il faut y aller, pouvoir encaisser tout le racisme, toute la haine, le dédain, le mépris… Par sa singularité, elle est une cible privilégiée. Tous les candidats sont archétypaux au niveau du genre, de la catégorie sociale, des études qu'ils ont faites. Beaucoup sont des apparatchiks de partis ou des élus professionnels. » On mesure bien que ce combat-là, si Taubira se décidait à le mener, ne serait pas de tout repos.

En pensant à ces deux femmes politiques, me revient ce livre d'Ayn Rand – quelle ironie, nous parlons d'une philosophe du bord totalement opposé, icône du libéralisme – intitulé *Atlas Shrugged*: que se passera-t-il, en effet, si un jour Atlas, qui porte le monde sur son dos, décide de hausser les épaules ? Que se passera-t-il si les politiques décident un jour de faire grève[1] ?

L'enfer, ce n'est pas seulement les autres. Surtout pas que les politiques.

L'enfer, c'est nous, aussi…

1. *La Grève* est la traduction française du titre d'Ayn Rand.

La résilientе

« Quelle image retenez-vous d'*elle* ? »

La question est posée à un panel de citoyens, rencontrés à Lille en juillet 2021, lors d'une étude *qualitative* que je conduis sur la personnalité de Marine Le Pen auprès de ses électeurs potentiels, dans la perspective de la présidentielle à venir.

Je m'attends, de la part de ces soutiens ayant une bonne image de la patronne du Rassemblement national, aux réponses habituelles sur sa ténacité, son volontarisme, son « parler vrai », ou encore sa proximité avec les « vraies gens ».

Je retrouve tout cela, bien sûr. Mais, à ma grande surprise, les personnes présentes dans la salle, regroupées pour cette enquête d'opinion, sont nombreuses à évoquer un autre élément révélateur, à leurs yeux, de la personnalité de Marine Le Pen : les chats.

Je reste interdite. Il est vrai que Marine Le Pen possède des chats Bengal, une race importée des États-Unis. Sa passion pour les félins s'est concrétisée durant le confinement, pendant la crise du Covid : la présidente du RN en a profité pour passer un très officiel diplôme d'éleveuse professionnelle. Mais de là à en faire un élément central de sa personnalité, elle qui suscite autant de passion que de rejet, les bras m'en tombent ! Me voilà décontenancée face à ce panel à chats venu de nulle part.

Comment en sommes-nous arrivés là ? Celle qui a voulu transformer l'image du FN pour briser son plafond de verre politique a-t-elle fait de la com' avec ses chats ? L'argument est régulièrement mis en avant par ses détracteurs.

J'ai donc posé la question à Marine Le Pen en personne, de retour d'un déplacement de campagne à Alençon, le jeudi 28 octobre, où des forces de l'ordre venaient d'essuyer des tirs de mortier d'artifice, et ce, après avoir été reçue en grande pompe à Budapest par le Premier ministre hongrois Viktor Orbán.

Les chats servent-ils de correcteurs, d'adoucisseurs d'image ? La présidente du Rassemblement national répond très tranquillement : « C'est tout le sujet de votre livre, si vous voulez. À savoir que, par définition, les politiques – les hommes, les femmes – ne seraient jamais sincères, dans rien. Il y aurait forcément des arrière-pensées dans tout ce qu'ils font, et des intentions cachées dans tout ce qu'ils disent. C'est stupide : je n'aurais pas six chats chez moi et je n'aurais pas passé mon examen d'éleveuse, et tout le reste, uniquement pour une question de com'. Et d'ailleurs, si tel était le cas, j'aurais rendu public mon *Instagram chat* ! » Ce compte de photos dédié reste privé. N'y entre pas qui veut, attention : jardin secret revendiqué.

Au fond, qui est coupable ? Celui qui affiche ses passions – le jogging, les chiens, la randonnée en haute montagne – avec la volonté plus ou moins consciente d'en faire un révélateur, un attrape-électeurs ? Ou bien nous, les électeurs justement, qui nous attachons à ce genre de détails, et les laissons prendre le pas sur l'examen rationnel des programmes politiques dans la détermination de nos choix de vote ? Le manipulé n'est-il pas au moins aussi fautif que le manipulateur ?

Le sujet, à savoir cette suspicion de séduction de l'opinion publique, ne l'atteint visiblement pas. « Je n'ai rien à démontrer. C'est aussi stupide que si on me disait : "Elle a eu des enfants parce que dans une carrière politique, il faut en avoir." On ne peut rien répondre à ça ! On ne peut pas faire la preuve d'un fait négatif. Les gens qui me connaissent vraiment savent que c'est une passion depuis toujours, malgré, justement, mon activité politique, qui est intense. Eh bien, je veux quand même exercer cette passion, parce que je considère qu'on ne peut pas tout sacrifier. » Marine Le Pen pèse ses mots : « Les enfants et les chats, ce sont deux éléments de ma vie non négociables. »

La patronne du RN, à ce moment de notre échange, traverse une séquence difficile, talonnée dans les sondages par un Éric Zemmour jailli de nulle part, qui préempte une partie de son électorat en s'en prenant ouvertement à elle, tout en occupant le terrain médiatique et en piétinant ses plates-bandes. Est-ce là pour elle la pire expérience humaine vécue jusque-là ?

Sa vérité semble ailleurs : « L'expérience la plus difficile, humainement, restera pour moi le conflit avec mon père. » Le sujet est toujours une blessure, parce qu'il lui a fallu exclure de son propre mouvement celui que les militants frontistes purs et durs surnomment le Menhir. Un moment qu'elle qualifie de « terrible », une déchirure, un conflit sans retour possible : « Je ne voyais pas comment en sortir. Mille fois j'ai retourné ça dans ma tête, en me disant : "Est-ce qu'il y a une autre possibilité que celle-là ?", face à Jean-Marie Le Pen[1] qui, à l'époque, expliquait à un certain nombre de personnes qu'il commettrait un "détail" par semaine si je l'emmerdais ! »

Marine Le Pen, depuis, a retourné ce choix mille fois dans sa tête, pour revenir à ce qu'elle considère comme une évidence : « C'est une tragédie grecque. Il n'y avait, en réalité, pas d'autre issue que celle-là. Cela a été extrêmement difficile à vivre, pas seulement parce que j'étais sa fille, mais aussi parce que c'était mon président. C'est quand même quelqu'un pour qui je me suis battue pendant des années, j'ai fait quatre élections présidentielles pour lui. L'évincer au bout du voyage a été vraiment, de très loin, la pire chose que j'ai eu à vivre. » Y pense-t-elle

1. Marine Le Pen appelle son père par son nom complet.

encore ? « Bien sûr, bien sûr, bien sûr que ça laisse des traces ! »

Des campagnes, elle en aura connu, pour son propre père, et pour elle-même, jusqu'à échouer en finale en 2017. Avec des électeurs qui ne l'ont pas toujours suivie dans les élections intermédiaires. Sont-ils versatiles ? N'y a-t-il pas une forme d'ingratitude à son endroit ? Qu'est-ce qui fait qu'elle conserve cette envie de batailler, malgré les doutes ? Marine Le Pen répond, sans hésiter : « Eh bien, parce qu'on ne se bat pas pour soi, c'est aussi simple que cela. *Soi* n'a aucune importance. Ses propres blessures, ses propres sacrifices n'ont absolument aucun intérêt. On peut avoir, y compris dans un mouvement politique, dix gars dont on a fait l'intégralité de la carrière qui vous plantent sans aucune considération morale, éthique, ni quoi que ce soit. Et il suffit de rencontrer une vieille dame dans la rue qui espère en vous, un policier qui s'est fait cartonner, un jeune couple qui n'arrive pas à boucler les fins de mois, des personnes âgées dont la baraque est squattée, et ça redémarre tout de suite ! Comme si vous remettiez quarante litres dans le réservoir. »

Marine Le Pen poursuit, sur un ton enflammé : « Je l'ai dit à Zemmour, qui m'a quasiment ri au nez : ton problème est que tu ne comprends pas que la politique, c'est de l'amour. Pas l'amour de soi, mais l'amour des autres ! Qu'est-ce que l'on est capable de faire par amour ? Tout, en fait. C'est ce que disait Henri IV :

"L'immense amour que je porte à la France m'a toujours tout rendu facile." »

Éric Zemmour. C'est elle qui a spontanément prononcé son nom. Comment vit-elle alors le fait d'être *challengée* par un Zébulon sorti de nulle part, alors qu'elle rame depuis des années pour bâtir son projet et casser sa propre image ? La présidente du Rassemblement national n'esquive pas le sujet : « Évidemment, c'est difficile. Maintenant, il faut le vivre en minimisant l'importance de cet événement, je veux dire par l'expérience. Elle me fait dire, et c'est aussi une question de conviction, que cette situation ne durera pas. Mais c'est vrai que je comprends nos militants, quand ils se disent : nous, on a souffert, on a tracté, on s'est fait maltraiter dans nos boulots, dans nos cercles familiaux, pour défendre nos convictions. Et là, il y a un type qui arrive en disant : c'est moi qui ai tout inventé. Tout en minimisant ce qui a été accompli par des milliers de gens ! Certains ont même laissé, parfois, leur intégrité physique sur le terrain, parce qu'à une époque il était dangereux de militer pour nous. Il y a obligatoirement là un sentiment d'injustice. J'ose croire que la raison va revenir. »

Le comble de l'histoire, explique Marine Le Pen, est que son challenger dit des choses qu'elle-même n'oserait pas mettre sur la table, sur le « grand remplacement », sur la « remigration », ou encore le maréchal Pétain. « Si j'avais balancé le dixième de ce qu'il sort, et que je ne partage pas, la presse m'aurait pilonnée. »

Et puis, il y a la représentation de soi.

Comment apprend-on à vivre avec une image publique qui ne correspond pas à ce que l'on pense être au plus profond de soi-même ? « On ne peut pas faire autrement », répond une Marine Le Pen fataliste : « Il n'y a pas une seule personne dans le monde public qui corresponde exactement à ce qu'elle est réellement. Les politiques, en règle générale, ont une image beaucoup plus dégradée de leur personne. Les acteurs, à l'inverse, ou encore les chanteurs, ont souvent une bien meilleure représentation que ce qu'ils sont en réalité. Il faut vivre avec. Mais on a toujours cette frustration de se dire : "À la vérité, il faudrait que je rencontre soixante-sept millions de gens" pour qu'ils voient que je ne suis pas ce que l'on renvoie de moi dans les médias. »

Pour elle, pas de doute possible : elle cristallise la haine chez une part des Français. Ce qui n'empêche pas un trait d'humour : « Si vous voulez, moi je pars toujours du principe que 95 % des gens qui nous détestent, eh bien nous détestent de bonne foi. Ils croient ce qu'on leur a raconté, ils croient à l'image abîmée qu'on nous a patiemment construite, ils croient à cette brutalité qui n'est pas mienne, ils croient à cette absence d'empathie qui n'existe pas. Comment on vit avec ça ? Eh bien, en allant à leur rencontre, justement, en discutant avec eux. Et en ressortant de ces échanges avec des gens qui vous disent au final : "Vous n'êtes pas du tout comme je le pensais." Ces conquêtes-là, elles sont la clef de la politique. Même si elles ne sont que de toutes petites réparations, car au fond, la plupart du temps, c'est très difficile. Mais il faut se battre jusqu'au bout. Par conviction, par passion. »

Un chat retombe toujours sur ses pattes. Mais les politiques ?

L'inattendue

Je ne connais pas Valérie Pécresse.

Contrairement à la plupart des personnes interrogées dans ce livre, je n'avais jamais eu l'occasion ne serait-ce que de la croiser dans le cadre de mes activités professionnelles.

J'en avais donc, au moment de la contacter pour cette enquête – c'est-à-dire trois jours après sa victoire au second tour du congrès des Républicains, le samedi 4 décembre 2021 –, l'image qu'en ont de très nombreux Français, du moins ceux qui se situent plutôt à gauche. Une femme sans doute travailleuse, sérieuse, persévérante et tenace, à la tête de la première région d'Europe. Mais une femme à l'allure plutôt froide, en apparence crispée, voire assez scolaire dans sa manière de s'exprimer dans les médias, certes précise et documentée, mais de prime abord manquant de spontanéité. Sa double référence – « je suis deux tiers Merkel et un tiers Thatcher » – et son autoportrait martelé pendant les débats télévisés de la primaire LR – en substance, je suis la dame du

« faire » – ont sans doute contribué à amplifier mes premières impressions. Elles seront vite battues en brèche.

J'ai pu mesurer, depuis dix ans que je côtoie les politiques, combien l'image extérieure que l'on peut avoir d'eux est souvent éloignée de la perception que l'on en a lorsqu'on les connaît. Les médias sont un miroir déformant. Non pas qu'ils cherchent intentionnellement à travestir ou à salir les élus, mais ils requièrent la maîtrise d'un certain nombre de codes. Tout le monde n'est pas un acteur né. Ceux qui ont l'air « sympa » ne le sont pas forcément en vrai. À l'inverse, ceux qui ont l'air sévère, voire austère, comme Manuel Valls... Nos impressions sont trompeuses, nous ne les interrogeons jamais assez.

En m'entretenant avec la candidate des Républicains, j'ai mesuré ô combien moi-même – alors que je prétends pourtant écrire un essai invitant chacun à aller au-delà des clichés colportés sur les élus – je m'étais laissée emprisonner dans une perception d'elle assez superficielle et sans doute biaisée.

Valérie Pécresse me rappelle vers 21 h 30, le lundi 13 décembre 2021. Elle me surprend en commençant par s'excuser platement d'avoir une demi-heure de retard sur l'horaire convenu avec son équipe, elle qui sort tout juste d'un meeting, dans les Hauts-de-France, terre de son ex-concurrent et désormais soutien Xavier Bertrand. Je sais, pour avoir collaboré avec des élus de ce niveau, combien leur quotidien est compressé. Obtenir un entretien téléphonique dans un tel moment de la campagne est presque mission impossible.

Sa voix est éraillée, presque brisée. Le ton est toutefois enjoué, cordial, le contact est direct. Cette voix qui se dérobe dit l'épuisement, les longues heures passées à parler, à tenter de convaincre, à répéter à des centaines, à des milliers d'inconnus combien elle aime la France et comment elle veut l'aider.

Je l'imagine seule sur la banquette arrière de sa voiture, filant vers son domicile en cette froide nuit de décembre. Je connais bien, pour l'avoir vue, la solitude de ces candidats. Elle est d'autant plus cruelle qu'elle se vit au quotidien, entouré de dizaines et de dizaines de collaborateurs, de courtisans comme d'adversaires. C'est la solitude de ceux qui voient s'avancer face à eux d'immenses responsabilités. Qui les convoitent sans doute autant qu'ils les redoutent, car ils savent que face au jugement des Français, *in fine*, quels que soient leurs choix, l'addition sera pour eux, et personne d'autre. De droite, de gauche, du centre, ils sont tous égaux face au pays : responsables et humains. Pétris de doutes, souvent. Abattus, parfois. Mais déterminés, toujours.

Je la lance, sans préambule, sur ce que fut sa pire expérience politique, question posée à presque tous ceux que j'ai interrogés.

La réponse fuse : « C'était Copé-Fillon. » La terrible guerre de succession qui a opposé, au lendemain de la défaite de Nicolas Sarkozy à la présidentielle de 2012,

Jean-François Copé, placé à la tête de l'UMP par le président battu, à François Fillon. L'ex-Premier ministre s'en est allé fonder à l'Assemblée nationale, avec un tiers du groupe des deux cents députés de droite, l'improbable « RUMP », le Rassemblement-UMP, entré alors en dissidence. Les haines se sont largement étalées des semaines durant dans les médias. Ç'a été l'une de ces luttes fratricides dont la politique a le secret, et dont le parti gaulliste est sorti durablement abîmé.

Valérie Pécresse marque une pause et poursuit : « Parce que c'était une bataille à l'intérieur de ma famille politique. » Elle ajoute, dans un soupir : « La politique, c'est dur, ce sont des batailles très rudes menées contre des adversaires. Mais... mais quand on se bat à l'intérieur de sa propre famille, c'est vraiment... on se demande à quoi ça sert. On se dit que *ça* ne sert à rien, et on se dit qu'*on* ne sert à rien. Et moi, justement, parce que ce n'est pas ma nature, je n'aime pas me dire que je ne sers à rien. Je fais de la politique en me disant que je suis utile. Ces déchirements sont ce qu'il y a de plus horrible dans la vie politique. »

L'autre expérience éprouvante aura été la campagne de François Fillon en 2017 : « Toute l'œuvre d'une vie a été balayée par les "affaires", entre guillemets. Vous savez, en trois mois on a... tout a été ruiné. »

A-t-elle envisagé de jeter l'éponge, quitter la politique ? Sans doute au moment de Copé-Fillon : « Parce que là, je me suis dit : "Attends, on ne va pas en plus se battre entre nous." Tout ça me paraissait tellement stérile… Je me suis demandé ce que je faisais là. »

L'émotion de la candidate est réelle, ces épisodes l'ont marquée à jamais : « Nous avions perdu, nous étions dans l'opposition. Et moi, l'ancienne ministre, qui pensais avoir fait des choses extraordinairement utiles, je me suis dit à cet instant : "À quoi je sers maintenant ?" Seule la région m'a remotivée. J'étais dans l'opposition au Conseil régional et je me suis dit alors : "Je vais conquérir l'Île-de-France." Et c'est comme ça que je suis remontée sur mon cheval. »

Je lui demande si les sacrifices personnels consentis valent la peine, notamment face à des électeurs qui se montrent parfois ingrats : « J'ai envie de vous dire oui. Et de vous parler de ceux qui n'ont pas forcément voté pour moi. C'est beaucoup plus dur de faire de la politique dans une région qui vous est sociologiquement hostile. Quand vous êtes de droite dans une terre de gauche, vous en prenez plein la gueule. J'ai ressenti pendant des années un décalage entre ce que je suis vraiment et la façon dont les gens me perçoivent. Et c'est encore le cas aujourd'hui. Il est malgré tout assez réconfortant de constater que si vous vous y mettez, si vous bossez vraiment, y compris pour ceux qui ne sont pas de votre bord, au bout d'un certain temps, votre vraie personnalité finit par l'emporter. C'est pour cette raison que je continue à faire de la politique. »

La candidate des Républicains évoque alors un sondage réalisé au moment des élections régionales de juin 2021, qui lui ont valu d'être réélue haut la main : 45 % des sympathisants de La France insoumise, selon cette enquête, auraient jugé *positif* son bilan à la tête de l'Île-de-France. « Bien sûr, ils ne m'aiment pas pour autant, ils ont toujours une image caricaturale de moi. On leur a dit sans cesse que j'étais une affreuse réactionnaire, une conservatrice, ultralibérale, et j'en passe. Mais ils ont quand même constaté que j'ai fait du bon boulot. » Valérie Pécresse croit dur comme fer dans l'engagement des élus : il finit par payer quand les résultats sont au rendez-vous, et cela dépasse les clivages partisans.

L'une de ses plus grandes satisfactions lors de cette bataille pour l'Île-de-France ? « C'est quand j'ai vu, pour le deuxième tour, un Manuel Valls, un Jean-Paul Huchon, ou même un Nicolas Dupont-Aignan appelant à voter pour moi. Ces gens ne m'aiment pas, à la base, au sens politique du terme. Mais ils semblent avoir apprécié le travail accompli. Et peut-être ma personnalité. Et là, ça devient intéressant. »

Et l'une de ses difficultés pour la bataille présidentielle reste ce décalage entre son image, plutôt positive auprès des électeurs de l'Île-de-France, qui la connaissent et lui ont renouvelé leur confiance, et celle « toujours un peu caricaturale » auprès de l'ensemble des Français. À ce moment de notre entretien, j'avoue refréner l'envie de lui dire que je faisais partie de ces derniers, en tous les cas jusqu'à notre échange.

Et puis, il y a la télé. « Cette chose très injuste, l'image que nous renvoyons dans les interviews, dans les émissions. Je pense avoir eu pendant longtemps un peu peur de la caméra. Et ça, c'est terrible. Nombreux sont les hommes et les femmes politiques qui redoutent la télé. »

Je me fais cette réflexion : quel homme oserait avouer une chose pareille ? Assumer sa vulnérabilité face à l'objectif, partager la peur du jugement, c'est rompre avec les codes d'une société qui croit voir l'efficacité dans la force, et pense que certains codes vestimentaires sont gages d'autorité. Les femmes politiques, comme les présentatrices télé, sont tenues d'être sinon *belles*, du moins *présentables*, à tout âge. De résister au temps, là où leurs collègues masculins peuvent en toute tranquillité laisser rides et bourrelets prospérer, sans que ni leur autorité ni leur compétence ne soient jamais remises en cause pour autant par l'opinion. Oui, la société du spectacle est plus dure avec les femmes, et nul n'a encore vu une *moche* présenter un JT… Comble de la perversité du système actuel : si vous êtes jeune et jolie, c'est-à-dire conforme aux canons du milieu, il vous sera tout de même reproché de ne pas être là pour vos compétences intellectuelles.

Les publics, quels qu'ils soient, ne réalisent pas à quel point les médias sont un miroir déformant. Valérie Pécresse en convient : « Surtout pour les femmes. C'est plus dur pour nous. Parce qu'il y a le physique, les fringues, la coiffure, il y a tout, quoi. Et nous avons tellement peur d'être jugées sur tout... » Elle convoque alors notre mémoire cathodique, évoquant les prestations de celui qui l'a lancée dans sa carrière : « Souvenez-vous de Chirac. Il a été pendant de longues années très mauvais à la télévision, trop rigide, tout le monde disait cela de lui, tout le monde en convenait. Sarkozy y a mis du temps aussi. Et puis arrive ce jour où vous comprenez la mécanique, les codes, où vous finissez par apprivoiser l'objectif. Certains me disent depuis quelques semaines – parce que c'est tout récent, cela date des débats pour la primaire – que j'ai l'air libérée à l'écran. Il y a peut-être eu ce petit déclic chez moi, quand je me suis dit : "Pff, vas-y, au fond, qu'est-ce que ça peut faire." Je crains moins d'être jugée et je suis peut-être plus naturelle face caméra. »

Son récit me parle. Combien de fois, invitée en tant que « politologue » pour analyser un événement politique sur une chaîne d'info, ai-je reçu des commentaires sur la manière dont je suis habillée ou sur mon physique ? Pas sur mes propos. Il m'est d'ailleurs régulièrement reproché de « faire la gueule » à l'écran, comme si sourire, lorsque vous répondez à une question sur l'épidémie de Covid-19 ou sur la violence des meetings de Zemmour, faisait forcément partie du package. Quand vous êtes une femme, il faut faire joli avant tout. Le reste n'est que secondaire. La candidate à l'élection présidentielle de 2022 en convient : c'est là l'une des raisons pour lesquelles il est plus difficile de faire de la politique au féminin. « Parce que nous sommes jugées sur une somme de considérations extérieures. Les hommes y échappent, en partie. Pour les femmes, objectivement, c'est plus compliqué. »

À ce regard pesant de toute une société oxydée vient s'ajouter cette part plus personnelle, cette fragilité qui peut freiner parfois : « Au début, je pouvais paraître crispée, distante. Il se trouve que je ne suis pas, comment dire... une actrice. Ceux qui arrivent à incarner un rôle sont ceux qui passent bien à la télé. Moi, je ne joue pas de rôle, justement. C'est moi-même que j'expose devant la caméra. Et du coup, je l'ai enduré, bizarrement, plus vous êtes sincère, plus vous avez l'air crispée. J'ai beaucoup souffert de ça. »

Ici, sa voix éraillée se brise... Un sujet apparemment sensible : « C'est très, très compliqué la voix, pour nous, les femmes. Parce qu'il nous arrive de la perdre bien plus souvent que les hommes, la preuve ! » Elle se met à rire de son timbre cassé, qui par une mystérieuse alchimie lui confère une certaine proximité, une plus grande sincérité, comme si soudain les vannes s'ouvraient, les digues cédaient. « Voyez, je sors d'un meeting. La voix joue beaucoup dans la persuasion. Nombreuses sont les femmes qui ont ces voix si aiguës, épouvantables pour faire de la politique. La mienne est plutôt grave, j'ai de la chance de ce côté-là. Mais cela reste compliqué, cela ne donne pas la même autorité, selon que vous avez du coffre, ou pas. Alors qu'à la vérité, l'autorité n'a rien à voir avec la voix. »

S'imposer en politique quand on est une femme reste une gageure, même en 2021, malgré l'émergence au tout premier plan du concept de l'égalité femmes-hommes, érigée en ministère, malgré la puissance du mouvement #MeToo, censé libérer la parole au féminin.

Par-delà cette nouvelle donne, mondiale, reste le regard ordinaire, pesant, nourri de clichés, dont l'humanité tout entière peine à se départir.

Valérie Pécresse aborde le sujet sans détour, c'est aussi la mère de famille qui s'exprime : « Le sujet permanent, quand vous êtes une femme engagée en politique, c'est que l'on vous renvoie sans cesse à : "Mais qui va garder les enfants ?" Celle-là, on me l'a beaucoup faite, notamment pendant les élections. Vous êtes la mauvaise mère, celle qui sacrifie tout à sa carrière. C'est ce qu'il y a de plus dur. Parce qu'on n'attaque pas les hommes là-dessus. Ils peuvent ne pas s'occuper de leurs gosses ? Pas de problème, personne ne trouvera jamais à y redire. Ces critiques sont d'autant plus difficiles à vivre quand les enfants sont petits, parce que vous n'êtes pas assurée d'arriver à leur donner ce qu'il faut. Et comme aucune mère n'est parfaite, c'est là une source d'angoisse supplémentaire quand vous êtes happée par votre carrière politique. »

La prétendante à l'Élysée laisse échapper son émotion. Certes, ses enfants ont grandi, certes, ils ont quitté la maison et elle peut consacrer la totalité de son temps à son mandat d'élue à la tête de la région capitale et à la conquête du pouvoir suprême, la présidence de la

République. Mais le souvenir de deux décennies d'angoisse de mère est tenace : « Pendant vingt ans, je me suis dit, jour après jour : "Est-ce que je vais arriver à tout concilier ?" Et ça, ça n'est pas une question que se posent la plupart des messieurs, parce qu'à la maison, l'intendance suit. La réalité, elle est là : moi, je n'ai pas quelqu'un qui m'attend le soir avec de bons petits plats sur la table et des chemisiers bien repassés. Je me fais aider, mais cela reste compliqué, tout de même. Quand il n'y a rien à manger dans le réfrigérateur, je passe à la supérette, comme tout le monde. Il faut bien que je fasse cuire mon œuf à 23 heures. Je demande déjà beaucoup de choses à mon mari, mais je ne peux quand même pas *tout* exiger de lui ! »

Moment de tendresse, à l'évocation de Jérôme, son époux depuis vingt-sept ans. Lui qui a déclaré dans le portrait que *Paris Match* vient de consacrer à la candidate, dans son édition du 9 décembre : « Valérie est un roc, mais elle avait besoin de s'assurer que toute la famille était bien derrière elle. » Pas question pour elle de s'engager dans la présidentielle sans le soutien de son clan familial, son mari, ainsi que leurs trois enfants Baptiste, Clément et Émilie. Jérôme Pécresse, à la tête de la branche énergies renouvelables de General Electric, a également évoqué dans *Match* le *modus operandi* du couple, sans doute l'une des clefs de sa longévité : « On a été un couple paritaire avant l'heure. Happés par nos carrières, on a réussi à se partager les tâches. On s'est toujours dit que les enfants ne pouvaient pas passer plus de deux soirées, seuls, par semaine. »

Les enfants... Quand je lui demande quelle est l'expérience particulière qui pourrait, selon elle, être utile à la bonne compréhension de ce qu'est vraiment la vie politique, Valérie Pécresse me répond du tac au tac : « Vous voulez dire sur la dureté de la vie politique ? Ben oui, ce qu'ils ont fait à mon fils. »

Ce souvenir-là, qui remonte au 22 septembre 2016, neuf mois après sa première élection à la tête de l'Île-de-France, reste une blessure ouverte. Celle d'une mère, avant toute chose, qui se doit de protéger l'un de ses enfants, confronté à une épreuve difficile. Celle de la présidente de région, également, qui s'estime victime d'une machination, la visant à travers l'un des siens.

Valérie Pécresse raconte : « Vous savez, quand j'ai été élue fin 2015, la gauche, qui avait régné pendant dix-sept ans, n'avait pas renoncé complètement à me déstabiliser. Mon fils se fait choper un jour à la sortie de son école d'ingénieurs avec un joint. Clément n'a que 19 ans, il étudie à Paris, et moi, j'habite dans les Yvelines. Les policiers lui demandent s'il a un rapport avec moi. Je n'ai jamais appris à mentir à mes trois enfants. Il répond donc sans hésiter : "Oui, c'est ma mère." Et c'est là que ça tourne au vinaigre. Mon fils est placé sept heures en garde à vue, côtoyant dans la même cellule des dealers arrêtés avec cinq mille euros de drogue sur eux et qui cherchent une excuse pour expliquer pourquoi ils en avaient autant. Quand les policiers ont perquisitionné à cinq dans sa chambre d'étudiant de dix-huit mètres carrés, ils lui ont demandé en arrivant sur les lieux : "Tu n'habites pas chez tes parents ?" Clément leur a répondu par la négative. Un policier lui a alors avoué : "T'inquiète pas, tu sais, on fait jamais ça, c'est politique." Un choc pour mon ado. »

Sa voix tremble au bout du fil. Ce n'est certes pas la première fois qu'elle relate cette histoire, mais son indignation reste intacte : « C'est par les médias que j'apprends sa garde à vue. Clément n'a évidemment pas téléphoné à ses parents pour leur annoncer la nouvelle. Ceux qui ont le dossier en main essayent ensuite d'obtenir un mandat pour aller perquisitionner chez moi. Les juges refusent net : "Il est majeur, il n'habite pas chez sa mère, il n'y a aucune raison d'autoriser cette nouvelle perquisition." Ils ont compris que l'affaire était politique. L'objectif est de venir fouiller chez moi, de faire en sorte que les voisins voient des policiers débarquer à mon domicile, de monter une affaire contre moi. Quand on cherche, on finit toujours par trouver quelque chose. On divulgue vos feuilles d'impôts, par exemple. En fait, on peut *tout* balancer puisqu'on a *tout* dans la main, toute votre vie privée. Quand j'ai enfin pu récupérer mon fils le soir, j'en étais malade. »

Elle en vient à cette ligne que tous les politiques redoutent, celle avec laquelle ils flirtent en permanence : cette limite au-delà de laquelle les sacrifices personnels consentis au nom de l'intérêt général sont trop grands. Là où les dégâts personnels, familiaux, amicaux deviennent trop lourds et irréversibles. « C'est un truc horrible. Si mon môme avait eu un quelconque problème avec moi, ou s'il avait été juste un peu perturbé à ce moment-là, ce qui n'aurait rien eu d'extravagant à 19 ans, il aurait pu me détester pour toute sa vie ! Puisqu'il sait très bien que personne n'est mis en garde à vue pour avoir fumé un joint. Personne en France, sauf lui. Parce qu'il est mon fils. Il aurait pu m'en vouloir, lui qui a été noyé sous un déluge de messages, sur les réseaux sociaux, entre ceux qui lui disaient : "Rejoins le combat pour la légalisation !", ceux qui se payaient sa tête, ceux qui le traitaient de racaille. Nous étions, son père et moi, totalement tétanisés. J'ai tellement eu peur qu'il me déteste ! »

Le récit connaît son épilogue intime, quelques mois plus tard, avec cet aveu du fils qui témoigne du traumatisme subi : « Alors que Clément vient de commettre je ne sais plus quelle bêtise, je lui dis, sur le ton de la plaisanterie : "Quand même Clément, essaie d'être responsable ! On a été cool quand tu as eu ton problème avec ton joint, sois donc un peu adulte." Et il me répond, dépité : "Mais Maman, si vous n'aviez pas été cool, moi, je serais allé me jeter dans la Seine. Tellement j'étais mal ! Tu ne te rends pas compte de ce que c'est : j'ai été jeté en pâture, il y avait mon nom partout, dans tous les médias." Quand il me lâche ça, je suis sous le choc. »

Son fils a donc imaginé le pire, après cette garde à vue. Cette histoire aurait pu très mal tourner. La peur rétrospective est palpable, même au bout du fil, au loin, quelque part depuis son véhicule qui glisse sur une autoroute plongée dans la nuit : « Je me dis alors qu'heureusement, avant ça, je n'ai *jamais*, *jamais*, *jamais* posé avec mes enfants. Jamais ! C'est d'ailleurs l'une des raisons pour lesquelles les Français me jugent froide, c'est parce que moi je ne me suis exposée avec aucun de mes enfants dans toute mon ascension politique. Et pourquoi ? Parce que je voulais les protéger. Et ce jour-là, je me suis dit : "Mais qu'est-ce que tu as bien fait !" Son nom a tourné sur les réseaux sociaux, sur les chaînes d'info, dans tous les journaux. Mais ils n'avaient aucune photo de lui. »

Ce n'est que dans le récent numéro de *Paris Match,* évoqué plus haut, que la candidate des Républicains a pu briser cette règle jusque-là intangible, ses trois enfants étant désormais adultes.

Elle en est persuadée : ce sont ses adversaires politiques qui ont voulu la disqualifier, en faisant fuiter auprès des médias l'interpellation de son fils, pour tenter de la déstabiliser. « Les coups bas auraient pu briser mon couple et ma famille », a-t-elle confié dans une interview à *Gala*, le 23 novembre 2019, à l'occasion de la sortie de son livre, *Et c'est cela qui changea tout*, publié chez Robert Laffont.

Il y a de plus la dimension purement politique de cette affaire : la présidente de la région capitale n'a-t-elle justement pas fait campagne en 2015 contre la consommation des drogues, ciblant plus particulièrement le trafic de cannabis ? La presse s'en est largement fait l'écho, parfois sur le ton de la raillerie. Valérie Pécresse n'y a pas vu de contradiction, bien au contraire : « Moi, je suis contre la légalisation. N'en déplaise à ceux qui ont voulu me faire dire le contraire, après ce qui est arrivé. Je veux protéger les enfants. Et je pense à tous les parents, voilà. Mon fils était étudiant ingénieur, bien dans son école, bien entouré par sa famille, ce joint était récréatif. Mais quand l'on pense à tous ces gamins défavorisés sous addiction et en échec scolaire, les conséquences peuvent être terribles. Et en tant que présidente de région et candidate à l'élection présidentielle, je me sens encore plus responsable. J'ai reçu alors des dizaines de messages de parents qui m'ont dit : "Merci, vous, au moins, vous parlez de nos vrais problèmes." Eh ben ça, je peux vous dire, cette histoire aura été instructive, dans le sens où vous découvrez que tous les coups sont permis lorsque vous faites de la politique, y compris s'il faut toucher à ce que vous avez de plus précieux. Tous les coups… Tous, tous, tous… »

Un autre souvenir lui revient en mémoire. Il remonte aux élections régionales en Île-de-France de l'année 2010, perdues face au président socialiste sortant Jean-Paul Huchon. Nous sommes en plein quinquennat de Nicolas Sarkozy et elle est alors ministre de l'Enseignement supérieur et de la Recherche.

« C'était une autre campagne. Avec des adversaires qui m'ont dénoncée pour un accident de voiture avec délit de fuite. Ils ont donné ma plaque d'immatriculation à la justice. Et un jour, je reçois un appel. On me prévient : "Tu vas être convoquée par le juge, parce qu'il y a quatre mois, tu as provoqué un accident de voiture et tu t'es enfuie." Je suis abasourdie. Je réponds que c'est impossible, je le saurais, je m'en serais rendu compte. Réponse : "Non, non, tu étais dans ta voiture de ministre, tu étais avec tes chauffeurs, vous aviez le gyrophare, vous avez doublé une voiture, vous avez provoqué un accident et vous vous êtes enfuis." Je réponds alors : "C'est pas possible, je ne mets quasiment pas mon gyrophare." »

Le doute s'empare d'elle. Son récit se situe au mois de février, un mois avant le premier tour des régionales. Et l'accident supposé remonterait au 27 octobre de l'année précédente. Mais que s'est-il donc passé ce jour-là ? Se le rappelle-t-elle vraiment ? « Donc je me dis : "Bon, peut-être que cette fois-là, j'étais très, très en retard, et j'ai peut-être mis mon gyrophare, à l'entrée de l'autoroute, sur mon chemin." Ils me font vraiment douter. Bon... Débrouillez-vous pour vous souvenir en février où vous étiez quatre mois auparavant. Pas simple. Et en plus, à l'époque, nous n'utilisions que de vieux BlackBerry, où les agendas électroniques s'autodétruisaient en décembre. Impossible donc en février de retrouver mon agenda du 27 octobre. J'ouvre mon calendrier et je découvre que c'était un lundi. Je mesure l'ampleur de la catastrophe, car j'étais en pleine campagne pour les régionales, mes premières, celles que j'ai perdues. Et je me dis : "Bon, ma vie politique est terminée. J'ai provoqué un accident de voiture et je me suis enfuie." Tout s'effondre. »

La vie politique est un jour sans fin. À cet instant précis, son récit se transforme en une mise en abyme, comme si elle vivait un éternel recommencement : la même Valérie Pécresse qui me parle depuis sa voiture évoque une péripétie survenue une décennie plus tôt. Il est minuit, elle sort déjà d'un meeting, elle est en campagne électorale, elle rentre chez elle. À la différence près que les enfants sont à la maison, ils dorment, son mari est à l'étranger, en voyage. Et soudain, l'illumination : « Je vois sur mon agenda que le 27 octobre 2009 était un lundi, celui de la semaine des vacances de la Toussaint. Et ce lundi-là, c'était LE week-end de trois jours que j'avais pris pendant le trimestre pour accompagner les gamins à la campagne. Pour les laisser à ma maman. Et donc ce lundi-là, je n'étais pas à Paris. Je n'étais pas dans les Yvelines. C'était le seul lundi du trimestre où je n'étais pas sur mon chemin habituel. Coup de bol, hein ? Sinon, dans cette mauvaise histoire, c'était parole contre parole… »

Valérie Pécresse semble éprouver une réelle satisfaction : « Vous voyez, Chloé, ce coup monté a failli fonctionner. Mais heureusement, comme ce ne sont que des hommes, tous ces types n'avaient pas réalisé qu'ils m'accusaient le jour des vacances de la Toussaint. Ils n'avaient pas réalisé que j'étais une maman, et que la maman, eh ben, elle allait partir avec ses gosses. J'ai donc retrouvé mon billet de train, j'ai retrouvé les preuves que je n'étais pas là pour provoquer cet accident. Mais comme les mecs avaient donné mon numéro d'immatriculation, mes chauffeurs ont quand même été convoqués par le juge. Ils ont pu heureusement prouver, eux aussi, qu'ils se trouvaient au fin fond du Val-de-Marne et de la

Seine-et-Marne au moment de l'accident. Ils n'y étaient pas, eux non plus… » L'affaire a donc fait « pschitt », selon la célèbre formule chiraquienne.

« Vous vous rendez compte, quand même, c'était un coup monté ! C'est ça, la politique… » Valérie Pécresse reprend, la voix grave, comme pour prendre date, alors que débute sa campagne présidentielle pour 2022 : « Et il va y en avoir, là, hein… Dans les quatre prochains mois. Moi, je vous le raconte, parce que je sais qu'il va y en avoir. Ils vont tout chercher, et s'ils ne trouvent pas, ils feront comme mes adversaires de 2010, ils inventeront. C'est comme l'affaire Clearstream pour Sarko, les adversaires, quand ils ne trouvent pas, ils inventent. C'est ça, la politique. Et moi j'ai besoin que vous écriviez ça, noir sur blanc, que vous en soyez la dépositaire. Je sais que désormais, je suis une adversaire redoutable, donc une cible. Il va me tomber des choses sur la tête. Je ne sais pas quoi encore, mais je sais que ça va arriver. C'est pour ça qu'on a les politiques qu'on mérite, et qu'il faut les soutenir, y compris lorsqu'ils sont victimes de fausses accusations. »

La candidate revient sur la pratique des médias, qu'elle réprouve quand ils empiètent sur le terrain de l'intime. La frontière entre vie privée et vie publique est ténue. « Les journalistes croient avoir des infos, détenir des scoops. Vous voyez, quand il y a eu l'histoire de mon fils, j'en ai appelé certains d'entre eux, que je côtoyais régulièrement. Je leur ai dit : "Écoutez, si c'était le petit Kevin X qui avait été pris, jamais vous ne publieriez son nom de famille." C'était une histoire banale, ma fille m'avait même dit que des gamins qui fument des joints, il y en a dans son bus. Et personne ne les arrête. Ça n'a pas empêché la machine médiatique de se mettre en route. Et là, je vous le dis, tout peut arriver. »

A-t-elle en mémoire la campagne-désastre de François Fillon en 2017, qui a échoué à moins de cinq cent mille voix aux portes du deuxième tour, malgré le fracas tonitruant des affaires ? Cet épisode si douloureux qui a durablement abîmé une droite républicaine qui tente de renaître dans la tempête ? Elle n'en parle pas, ou si peu, mais la menace à ses yeux plane quelque part, et alimente une crainte indicible, celle d'une vie politique qui n'épargne personne, encore moins quand vous êtes une femme.

La candidate file toujours dans la nuit, assise sur la banquette arrière de la voiture qui va enfin la ramener chez elle. À quoi pense-t-elle, à l'heure où l'on dîne, où l'on se retrouve en famille ou entre amis, en cet instant de grande solitude, celle que confère un pouvoir qui vous projette devant des millions d'âmes et vous laisse si souvent face à vous-même ?

Elle m'a consacré beaucoup de son temps, avec une réelle franchise, cette envie d'aller au fond des choses. Il est temps de conclure. J'aborde l'un des *vrais* sujets pour les *vrais* bons politiques, ils existent, ceux qui ont réellement l'intérêt général chevillé au cœur : plus nous les connaissons, plus nous les aimons. J'évoque cette idée communément admise, qui relève de l'évidence, soulignée à chaque enquête d'opinion :

« C'est pour cela que les Français plébiscitent leurs maires : parce qu'ils s'occupent d'eux, et qu'ils croient les connaître, en fait ?

— Oui, c'est exactement cela. Et cela vaut pour les élus qui défendent, transforment leurs territoires. Ceux que j'appelle les "gens bien", quand vous les connaissez, vous savez qu'ils veulent faire le bien. Moi ce que je sens, ce que je sais, c'est que plus on me connaît, plus on m'aime. Et mon défi, c'est de faire en sorte que ceux qui ne me connaissent pas m'aiment aussi.

— Vous ne pouvez pas rencontrer 67 millions de personnes…

— C'est là tout le problème ! Mais je ne pouvais pas non plus rencontrer les 12 millions d'habitants de l'Île-de-France. »

Valérie Pécresse se met de nouveau à rire.

Et déclare avec force : « Si j'ai réussi pour ma région, je dois y arriver aussi pour la France. C'est ce que je me dis aujourd'hui. »

Présider

Entretien avec Emmanuel Macron

Être élu de la Nation, c'est être un peu dépossédé de soi-même.

Présider la France, c'est accepter de s'abandonner.

Ne plus s'appartenir totalement, parce que l'on représente, à chaque instant, l'ensemble des Français. Pas uniquement ceux qui vous ont élu, mais tous les autres aussi. Qu'ils espèrent en vous, que vous leur soyez indifférent ou bien qu'ils vous haïssent, les Français attendent tous forcément quelque chose de leur président. Ils ont, plus encore que pour leurs autres élus, un avis sur la manière dont vous êtes vêtu, coiffé, la manière dont vous parlez, les mots que vous employez. Ils ont un avis, souvent implacable, sur votre entourage, la manière dont vous élevez vos enfants. Plus encore, ils ont un avis souvent définitif sur votre compagne ou votre compagnon. La première dame – parce qu'il n'y a pas eu, jusqu'ici, d'équivalent masculin – est jugée avec sévérité, comme si elle avait voulu être là où la carrière et les ambitions de son époux l'ont conduite. Prisonnière d'un statut qui n'en est pas un, qui ne lui donne que des devoirs et si peu de droits.

Présider, c'est aussi accepter de ne plus appartenir à vos proches. Nicolas Sarkozy avait bien exprimé les choses, dans son discours « J'ai changé » du 14 janvier 2007, à la porte de Versailles, celui de l'investiture comme candidat de l'UMP à la présidence de la République : « Je demande à mes amis qui m'ont accompagné jusqu'ici de me laisser libre, libre d'aller vers les autres, vers celui qui n'a jamais été mon ami, qui n'a jamais appartenu à notre camp, à notre famille politique, qui parfois nous a combattus. Parce que lorsqu'il s'agit de la France, il n'y a plus de camp. »

Présider, c'est accepter d'être jugé en permanence. Accepter que vos mots ne vous appartiennent plus, dès lors prononcés. Que même vos intentions vous soient confisquées, pour être analysées, disséquées et jugées sans la moindre bienveillance. Et parce que vous l'avez voulu, parce que vous vous êtes battu pour arriver à la fonction suprême, une grande partie des Français et des commentateurs considèrent que vous devriez accepter tous les procès, même les plus injustes, tous les commentaires, même les plus déplacés, sur ce qui relève de l'intime par exemple.

Évidemment, c'est un formidable honneur. Un privilège sans pareil. Mais c'est aussi, on le dit trop peu, un immense fardeau, porté toujours en solitaire. Et même si j'ai pu côtoyer plusieurs élus habités par cette flamme si particulière, je n'ai jamais réussi à comprendre les ressorts intimes de cette vocation à mes yeux si sacrificielle.

La première fois que j'ai réellement entendu parler d'Emmanuel Macron, ç'a été lors de l'annonce de sa nomination au poste de ministre de l'Économie par le Secrétaire général de l'Élysée, Jean-Pierre Jouyet, sur le perron de l'Élysée. L'ancien Secrétaire général-adjoint de l'Élysée prenait alors d'un coup une nouvelle dimension. Au terme d'un drame politique comme seuls les socialistes savent encore en produire, Arnaud Montebourg et Benoît Hamon avaient été éjectés du gouvernement pour insoumission. Manuel Valls, fraîchement désigné Premier ministre, se débarrassait ainsi de deux gêneurs qui avaient pourtant comploté avec lui pour se débarrasser de son prédécesseur à Matignon, Jean-Marc Ayrault.

Je me souviens que Valls et ses plus proches se réjouissaient de la nomination de Macron. Ils y voyaient le résultat de leur influence, le signe qu'ils parvenaient enfin à imposer leur ligne économique, plutôt libérale, au président François Hollande.

Quelle qu'ait été son influence réelle sur cette nomination, Manuel Valls a vécu cet épisode comme une victoire. Loin de le renforcer, il ne pouvait pas imaginer que ce brillant ministre finirait par le remplacer.

Je pense souvent à l'amertume qui aurait été la mienne si j'avais été Manuel Valls. Constatant, impuissant, son cadet lui confisquer tour à tour la modernité, l'audace, le volontarisme, le réformisme, tous les marqueurs qui avaient fait sa force.

La vie politique est impitoyable. Faut-il voir pour autant ici un traître et là un trahi ? Ne peut-on pas aussi se dire que l'un a su saisir sa chance, forcer le destin, « prendre son risque », là où l'autre a manqué la marche ?

C'est peu de dire que rien n'aura été apporté sur un plateau à Emmanuel Macron. Valls comme Hollande auront fait de la résistance. L'ensemble du système politique y aura vu – à juste titre – un intrus menaçant son équilibre…

Nous, Français, assimilons toujours la réussite à une forme d'arrogance. La France a un problème avec le succès, surtout lorsqu'il est financier. Elle a du mal à le considérer avec bienveillance, contrairement aux Anglo-Saxons qui y voient le signe d'une société qui fonctionne. Et le président lui-même, au terme d'un quinquennat de crises, a avoué avoir péché par excès de confiance, bousculé et blessé – mais sans en avoir l'intention.

Si nous n'admirions pas un peu Emmanuel Macron, son audace, son intelligence, l'aurions-nous élu ? Certainement pas. Mais nous lui reprocherons toujours ces mêmes qualités, parce que le succès des autres nous renvoie à nos propres échecs, à nos insuffisances, à nos regrets et à nos remords. Nous avons tenté le Président « normal », bonhomme et bienveillant, qui ne ferait d'ombre ni ne braquerait personne : nous avons fini par le haïr parce qu'il nous apparaissait au final indécis, voire « beauf »... bref, il nous faisait un peu honte, lui qui se laissa humilier à distance par une simple adolescente – l'épisode Leonarda –, lui et son casque de scooter, allant voir sa maîtresse en cachette, lui incapable de maîtriser sa majorité, lui et ses petites blagues... tout ce qui rendait le candidat humain nous aura fait détester le président.

*

Nous sommes à la toute fin de l'année 2021. Emmanuel Macron s'apprête à prononcer ses vœux télévisés du Nouvel an. Tous les regards sont tournés vers le président. À ce moment du récit, il ne s'est pas encore déclaré candidat à sa propre succession.

Il sait pourtant que quand notre échange – un entretien écrit, j'ai laissé le choix de l'écrit ou de l'oral à tous mes interlocuteurs – sera publié, un mois plus tard, le contexte aura peut-être changé, sur l'épidémie de Covid-19, sur la campagne présidentielle, voire sur le contexte sécuritaire. Tout est possible dans ces moments incertains. Chacun des candidats sait, au moment où nous échangeons, que la moindre expression peut être sortie de son contexte, réinterprétée, et utilisée contre lui par les médias comme par ses adversaires. Mais c'est peut-être plus encore le cas d'Emmanuel Macron, qui à de nombreuses reprises a vu ses « petites phrases » être retournées contre lui.

Je commence[1] par une question posée à presque tous mes interlocuteurs, et qui a pour objet d'aider le lecteur, le citoyen, quel que soit son bord politique, à toucher du doigt la difficulté de la tâche de l'élu : pourriez-vous nous décrire l'expérience politique la plus difficile pour vous, sur le plan personnel ? Et pourquoi cela a-t-il été particulièrement dur ?

Emmanuel Macron répond : « Par fonction, le Président de la République doit prendre des décisions difficiles tous les jours. Mais lorsque l'on est, comme moi, attaché aux libertés individuelles, décider de confiner un pays et l'annoncer à 20 heures un soir pour 12 heures le lendemain est un choix lourd. Fermer les écoles, les cafés, la vie en quelque sorte était indispensable à la protection de notre santé, mais d'une part je n'ai jamais perdu de vue nos libertés et le caractère exceptionnel de ces mesures. Ensuite, je veux dire que vous n'êtes pas seul dans la décision. Il y a de la collégialité, toujours : vous êtes éclairés par la science, les ministres donnent leur avis, le Parlement joue tout son rôle. La France, dans cette période exceptionnelle, est restée fidèle à ses principes démocratiques, c'est très important. »

J'enchaîne avec une question qui me tient à cœur, car je suis convaincue, comme je l'ai exposé à plusieurs reprises dans cet ouvrage, que la manière dont citoyens et

1. Entretien écrit accordé par Emmanuel Macron, en date du 28 décembre 2021.

médias violent parfois l'intimité des élus n'apporte rien au débat, et contribue au contraire à décourager certaines bonnes volontés : la demande de transparence de l'opinion ne va-t-elle pas trop loin ? N'est-on pas en train, en niant le droit de l'élu à l'intimité, de dégoûter une partie des bonnes volontés ?

« Les responsables politiques se doivent d'être exemplaires. On ne peut en effet prétendre édicter les lois sans les respecter. Je suis toutefois réservé sur la quête infinie de transparence. Vous savez que, dans notre Histoire, le droit pour chacun à la vie privée, à bénéficier d'une intimité, d'un jardin secret, est un progrès extraordinaire. Vouloir au contraire tout exposer, tout "jeter aux chiens" pour reprendre une formule célèbre, me semble relever d'une dystopie qui n'est pas souhaitable philosophiquement et qui, en pratique, peut effectivement décourager les vocations. »

Je me retrouve tout à fait dans la réponse présidentielle. Davantage de politiques devraient l'assumer, même au risque de déplaire à une opinion qui n'aime rien tant que voir ses élus s'autoflageller.

Mais pourquoi y a-t-il un consensus politique – je l'ai observé dans mes échanges – sur la nécessité de créer un véritable « statut de l'élu », alors que rien n'avance sur le sujet ? Les élus ont-ils peur d'avoir l'air de protéger leurs prétendus privilèges...? Comment le Président dépasserait-il cela ?

« Je l'ai dit dès avril 2016 en lançant En marche ! : la politique ne doit pas être une profession réglementée. Et donc, il faut permettre à des femmes et des hommes issus d'une grande diversité d'horizon de s'engager. Pourquoi ce n'est pas assez le cas ? Parce que lorsque vous avez une carrière dans le privé, quand vous êtes entrepreneur, vous prenez le risque de tourner le dos à votre carrière en devenant élu. Aussi, je suis plutôt favorable non pas à un statut de l'élu, car je suis contre la société de statuts, mais à un accompagnement renforcé des élus pour le retour à une vie professionnelle normale. »

J'aborde alors la question centrale, la clef de l'explication de la défiance qui ronge notre démocratie – c'est en tout cas la lecture qu'en font la plupart des élus que j'ai questionnés –, à savoir l'impuissance du politique : les citoyens ont le sentiment que la politique ne change plus la vie. Pourquoi les élus paraissent-ils à ce point impuissants, en dépit de leurs résultats ?

« Les élus, dans leur écrasante majorité, sont remarquables d'engagement. Nos concitoyens ne le mesurent pas toujours, mais être maire d'une ville moyenne ou d'une petite commune par exemple, c'est travailler 70 heures par semaine, être dérangé la nuit et le week-end, sacrifier ses vacances, engager sa responsabilité pénale et tout cela pour une indemnité de cadre moyen, voire sans rémunération réelle pour les petites communes. Et pourtant, malgré cet engagement qui est aussi celui des élus nationaux, beaucoup de nos concitoyens ont le sentiment que la politique ne change plus les choses. Il y a pour moi deux raisons à cela. Une, de fond : trop souvent, les responsables sombrent dans le saupoudrage et dans des mesures qui ne se voient pas. Ce qui marche, au contraire, c'est la radicalité : supprimer un impôt comme nous l'avons fait pour la taxe d'habitation, créer des maisons France services. Une autre raison est d'organisation : les élus ont beau avoir des intentions pures, ils se heurtent souvent à une machine administrative qui n'est pas toujours tournée vers le "service usager". Résultat : vous mettez une énergie folle dans une mesure et, à la fin, celle-ci met des années à émerger et souvent dans un format réduit. C'est cela que nous devons changer. »

Mais Emmanuel Macron a, de fait, été élu sur une promesse de renouveau de la classe politique, l'objectif étant de réconcilier les citoyens et leurs élus/institutions. Pourquoi la défiance s'est-elle amplifiée ? Comment réunir durablement les citoyens et leurs élus ? La question est extrêmement complexe, rares sont les élus à pouvoir y répondre de manière convaincante…

« Le renouveau, franchement, nous l'avons réussi. Regardez le visage de l'Assemblée nationale – 90 % de néodéputés –, regardez le gouvernement – des ministres de poids issus de la société civile. Pour autant, cela a-t-il mis fin à la défiance ? À l'évidence, non, car c'est un phénomène profond, qui vient de loin. Alors, comment recréer de la confiance ? Il faut d'abord que la politique ressemble à la société : sur cela, je le disais, nous avons progressé. Il faut ensuite tenir ses promesses : faire ce que l'on dit et dire ce que l'on fait. En appliquant l'essentiel du projet pour lequel j'ai été élu, malgré les crises, je crois avoir contribué à changer les choses ce plan. Il faut ensuite gagner en efficacité : les mesures doivent être sans doute moins nombreuses, mais être visibles, changer radicalement et rapidement les vies. Il faut enfin ne pas laisser se nouer des rancœurs et des incompréhensions, et donc débattre, faire de la pédagogie, associer partout où c'est possible, en un mot donner un débouché démocratique à la passion française du débat. C'est pour cela que j'avais lancé le Grand Débat national, pour cela aussi que nous avons mis en place la Convention citoyenne, pour cela que je n'hésite pas à aller dans des nouveaux médias. »

J'en viens enfin à un aspect qui me tient à cœur, parce que, malgré tous les arguments avancés par mes interlocuteurs, je ne peux qu'admirer sans tout à fait la comprendre la capacité des hommes et femmes politiques – de Myriam El Khomri à Marine Le Pen, d'Isabelle Balkany à Valérie Pécresse – croisés au fil de ce livre à vivre avec une image publique qui ne correspond pas à l'image que leurs proches et leurs amis ont d'eux. Ils vivent ou ont tous vécu, à tort ou à raison, la caricature, l'incompréhension, les insultes ou les moqueries, sans jamais se laisser durablement déstabiliser, ni perdre le fil de ce qu'ils sont.

Alors comment parvient-on à accepter que l'image que l'on projette ne correspond pas à ce que l'on se sait être ? N'est-ce pas terriblement violent, y compris pour les proches ?

« Quand on décide de s'engager en politique et qui plus est de briguer la Présidence de la République, on sait que l'on va être l'objet d'attaques, que l'image perçue ne sera pas toujours conforme à ce que l'on est. C'est une règle du jeu qui n'est d'ailleurs pas propre à la politique : toutes les professions exposées médiatiquement se trouvent dans cette situation. Est-ce difficile pour les proches ? Nécessairement, même si une forme d'habitude s'installe. Faut-il s'y résigner ? Je ne crois pas. Tous ces débats ramènent au fond à une problématique centrale de nos sociétés contemporaines, qui est la crise d'autorité et du respect qui va avec. Je ne crois pas, moi, que tout soit permis, que des élus de la Nation doivent accepter insultes, menaces, attaques de leurs permanences. Car les attaquer, c'est nous affaiblir collectivement en tant que peuple libre de ses choix et de ses dirigeants. Et donc, il nous faut mener un travail au long cours et dès le plus jeune âge, de rééducation civique. »

En dépit des crises que ce jeune président a traversées et surmontées, qu'est-ce qui fait que sa foi dans sa mission reste intacte à ce jour ? À quelques semaines d'une éventuelle déclaration de candidature, Emmanuel Macron répond :

« Je l'ai souvent dit, si j'avais choisi la facilité, je n'aurais pas quitté mon métier, je n'aurais pas démissionné de la fonction publique et je n'aurais pas créé mon propre mouvement pour rompre avec un système politique à bout de souffle. Pourquoi prendre tous ses risques ? Cela peut sembler banal, mais c'est pourtant un ressort qui, je crois, anime beaucoup de responsables politiques de tous bords : par amour de ce pays, pour lui rendre un peu de ce qu'il m'a donné. Et parce que je ne me résous pas à voir la France se faire imposer ses choix par d'autres, je ne me résous pas à voir nos valeurs auxquelles je crois reculer. Et donc, je ne céderai rien du combat pour que la France reprenne le contrôle de son destin et que les Françaises et les Français vivent mieux. Et au fond, le plus important est de continuer à œuvrer pour donner à chaque Française et chaque Français une raison de vivre, et de vivre unis. »

La vocation même de l'engagement politique. Ou du moins, quand il entre dans le champ démocrate et républicain…

Série Z

De quoi Éric Zemmour est-il le nom ?

Certainement pas du courage, celui d'accepter les questions d'une femme marquée à gauche, dont il ne pourra pas attendre qu'elle lui serve la soupe que certains médias lui servent quotidiennement.

Pas non plus de la modestie, il ne répond qu'aux stars, surtout si elles pensent comme lui. Lorsqu'il accepte la contradiction, elle doit servir son récit personnel. Il choisit ses ennemis avec soin, Jean-Luc Mélenchon, l'homme que toute la droite déteste, ou Sandrine Rousseau, l'écolo que l'on adore haïr.

Éric Zemmour a « tout dit » du sujet qui occupe ce livre, vous n'aurez donc pas le plaisir, ou l'horreur, de le lire dans ces pages. Les candidats sollicités ont presque tous répondu, mais lui, qui n'avait pas encore souhaité se déclarer au moment où je l'avais sollicité, était déjà trop occupé…

Vous ne lirez pas davantage Jean-Luc Mélenchon, mais pour des raisons beaucoup plus respectables à mes yeux : lui ne croit pas à « l'étalage émotif et [à] la psychologisation de la politique ». Je regrette son absence. C'est à mon sens mal comprendre ma démarche, et surtout oublier que la politique est une matière humaine, qu'elle se fait et se défait par les émotions et les sentiments autant que par la raison. Jean-Luc Mélenchon, à qui l'on reproche surtout ses colères et ses emportements, c'est-à-dire son humanité même, dans ce qu'elle peut avoir de débordant et désordonné, en a lui-même fait les frais. Il semble avoir une conception sacerdotale, quasi monastique de l'engagement politique, puisqu'il me rétorquera, en déclinant très poliment un entretien le 2 janvier 2022 : « Vous ne demandez à personne ce qu'il éprouve en levant les pieds dans l'escalier. Tout le monde le fait parce que c'est la seule attitude qui soit adaptée à la situation. De même par idéal collectiviste. »

Alors, de quoi Zemmour est-il le nom ?

D'un rejet viscéral du système politique, d'abord. Il est un instrument que l'on agite pour emmerder les « gens d'en haut ». Plus ils hurlent, plus Zemmour monte dans les sondages. Le public, gavé d'esclandres et de clashs dans les émissions de divertissement, adore voir ce trublion boxer les politiques « établis ». Plus il tape, plus l'auditoire l'aime. Le meeting inaugural de sa campagne, à Villepinte, en fournit un exemple éclatant : pendant plus d'une heure, face à une salle de plus de 10 000 personnes chauffées à blanc, il a fustigé tour à tour les journalistes et les « médias haineux », « qui veulent [sa] mort sociale », les politiques de carrière, dont il ne cesse de se démarquer, et un prétendu « système », une « meute » qui chercherait sa perte. Sans oublier ses opposants idéologiques, au premier rang desquels l'actuel président de la République, cible d'attaques d'une rare violence : « Personne ne sait qui il est car il n'est personne. » Emmanuel Macron serait le « néant », une personnalité « fondamentalement inintéressante ». Populiste jusqu'au bout des ongles, le candidat assume pleinement la violence politique, tout comme Trump avant lui.

Les idées d'Éric Zemmour? Oui, avouent certains de ses soutiens, interrogés dans mes enquêtes, certaines sont gênantes... Mais quel plaisir de foutre une baffe à cette classe politique qui ne nous comprend pas, qui nous méprise ! Bien sûr, l'on pense que c'est un vrai méchant, que sa vie n'est nullement exemplaire, et qu'il a un rapport malsain aux femmes... Mais justement ! Au moins, il est sincère, authentique... il ne se cache pas, lui !

Zemmour revendique d'ailleurs fortement son statut de « non-politique ». Celui qui vit de son commentaire depuis des décennies a bien compris que l'on devient toxique, du point de vue de l'opinion, sitôt entré dans la fosse aux lions. Alors il met en scène son altérité, quitte à la fabriquer de toutes pièces, et à surjouer la posture sacrificielle de « l'honnête homme » abandonnant le confort d'un métier grassement payé pour la tenue du gladiateur. Ainsi, ce tweet du 7 novembre 2021, alors qu'il n'était pas encore candidat et accordait une interview à BFM-TV : « Je ne suis pas devenu un homme politique. Je ne suis pas un homme de parti ou de carrière.

Je ne suis pas dans l'idée de me faire réélire ou d'assurer mes fins de mois. Je suis dans le combat pour la France. #BFMPolitique. »

Zemmour est aussi le nom d'un diagnostic, fantasme partagé par une bonne partie de la droite et de l'extrême droite, sur le déclin de notre pays. Une perte de souveraineté qui serait directement liée à une immigration incontrôlée.

Mais cette vieille lune de la droite, remise au goût du jour, ne suffit pas à expliquer son succès. Car le récit d'une France qui tombe, assaillie par d'autres cultures et religions, jugées incompatibles avec la nôtre, est porté par d'autres candidats. Marine Le Pen ou Nicolas Dupont-Aignant peuvent revendiquer une antériorité du diagnostic, et une offre politique constituée de longue date.

Pourquoi cette distorsion ? Le talent des uns et des autres, sans doute. Mais les emballements passés permettent de douter de la rationalité du système médiatique. À la faveur d'une baffe mémorable, délivrée à un gosse lui faisant les poches, un François Bayrou ringard, dont on moquait le bus au colza tombé en panne, est devenu un temps la star de la campagne de 2002. Caprices et panurgisme médiatique aidant, la star de l'automne 2021, Éric Zemmour, ne pourrait-elle pas suivre le chemin inverse ?

Pourquoi une Anne Hidalgo a-t-elle été raillée pendant des semaines, ici pour son score de « Madame 4 % », là pour avoir maladroitement demandé à mettre plus d'humain dans les gares à la place des machines, alors qu'Éric Zemmour enchaînait, sous les applaudissements, des provocations que nul n'aurait tolérées du Menhir, Jean-Marie Le Pen ? Sans parler de son doigt d'honneur à Marseille… Depuis l'automne dernier, l'examen du commentaire politique quotidien laisse sceptique. Où est passée la rationalité ?

À la vérité, Éric Zemmour s'est imposé brutalement dans le jeu médiatique parce qu'il en maîtrise parfaitement le rythme et les codes. Comme me le confiait un journaliste d'un média de droite : « Tu comprends, avec un candidat LR classique, un article égale zéro abonnement. Avec Zemmour, un article génère immédiatement cinquante abonnements… » Eh oui, la loi du marché. Chaque chaîne d'information en continu vit les yeux rivés sur les audiences de la concurrente. Or, ce qui fait de l'audience, ce furent les Gilets jaunes hier – souvenez-vous, nous en avons soupé, jusqu'à saturation, chaque samedi pendant des mois –, c'est aujourd'hui monsieur Z, ce sera un autre demain… CQFD.

Le marché médiatique est régi par l'émotion. Il se nourrit du buzz, du clash, de l'affrontement. Il a besoin de rebondissements, de provocations, de dramatisation. Surtout, il tourne vingt-quatre heures sur vingt-quatre, il a donc besoin d'être nourri quotidiennement.

Au fond, le monde médiatique d'aujourd'hui a besoin de Surnow et Cochran (créateurs de la série *24 Heures chrono*), de Willimon (*House of Cards*), de Benzekri ou

Delafon (*Baron noir*). Zemmour n'est pas encore candidat, mais il est pleinement scénariste.

Un jour, un épisode. Un obstacle, un rebondissement. Un ennemi – les casseurs qui ont protesté contre sa venue à Nantes, samedi 30 octobre –, pour conforter son rôle de héros, la virilité d'un personnage supposé incarner une nécessaire remise en ordre du pays. Chaque clash, souvent suscité, voire organisé – c'était le cas de la confrontation avec une femme musulmane qui a fini par ôter son foulard devant lui –, vient nourrir son récit. Celui d'une France désordonnée, insécurisée, cherchant désespérément l'homme providentiel qui aura le « courage » de mettre des milliers d'hommes et de femmes dans des charters. Ce que même le Pasqua des années 1980 ne parvint pas à faire, Éric Zemmour le fera, ses supporters en sont persuadés. Parce qu'à leurs yeux il parle bien, parce qu'il ne fait l'économie d'aucune provocation, parce qu'il donne à nos pulsions une assise historique et apporte un vernis intellectuel à nos bas instincts. Avec Zemmour, le spectateur devient un héros, un résistant au « politiquement correct », un pourfendeur de cette élite qui trop longtemps lui a confisqué le pouvoir. Et nul besoin d'effort : l'épopée se vit confortablement installé dans son canapé, bercé par télé Z.

Éric Zemmour possède un récit, un certain art de la mise en scène, et instrumentalise à son avantage un système économique médiatique qui engendre mécaniquement une forme de panurgisme. Rares sont les candidats à savoir à ce point se jouer des médias et de notre paresse intellectuelle collective. Car après tout, qui est le plus fautif : celui qui fait le spectacle, avec un cynisme confondant, ne reculant devant aucune outrance pour « faire le buzz », ou celui qui se laisse hypnotiser, boîte de pop-corn à la main, sans même chercher les propositions sur le pouvoir d'achat, la sécurité, l'environnement ? Qui est le plus fautif : celui qui déroule son récit, en mode série TV, ou ceux qui commentent à longueur de journée, sans recul ni regrets ? Ou encore ceux qui ne savent pas attirer la lumière, et continuent à enchaîner maladroitement émissions sans enjeux, séquences média plates et images usées jusqu'à la corde ?

Face à l'emballement, cette frénésie qui s'est emparée de nos médias et de nos débats depuis quelques mois, les responsabilités sont partagées. La victime, elle, est déjà toute désignée : une certaine idée du débat public et de la démocratie.

La carrière politique est-elle encore enviable ?

L'auriez-vous fait, à sa place ? Quitter un emploi passionnant, très rémunérateur, et une vie confortable à Montréal, pour revenir en France, loin de votre femme et de vos enfants, en divisant vos revenus par dix, vingt, trente ? Quitter l'intimité du cocon familial, pour s'exposer aux insultes, aux récriminations parfois injustes de vos (cyber)concitoyens ?

Moi, sans doute pas. Pas en connaissance de cause, en tout cas… J'ai pourtant passé plus de quatre ans en politique, comme conseillère à Matignon. Et je ne le regrette pas. Mais il faut dire que, entre 2011, année de mon engagement, et aujourd'hui, les choses se sont plutôt dégradées. Les « politiques » au sens large sont davantage détestés, contrôlés, et leur pouvoir semble s'atrophier à mesure que leur exposition à tous les regards s'accroît.

Roland Lescure est, depuis 2017, président de la commission des affaires économiques de l'Assemblée nationale. Autrement dit, l'un des élus les plus puissants du Parlement. Ou plutôt, selon ses dires, « influents »... Car il a vite découvert qu'au Parlement « on a de l'influence, mais de pouvoir, très peu[1] ».

Son parcours est tout à fait impressionnant : diplômé de l'École polytechnique (1990), de la London School of Economics, il a débuté sa carrière au ministère de l'Économie et des Finances, avant de rejoindre le secteur privé. Entre 2009 et 2017, il coulait des jours heureux à Montréal, en tant que premier vice-président de la Caisse de dépôt et placement du Québec. Soit l'un des plus importants fonds de pension d'Amérique du Nord, dont il supervisait 80 % de l'activité. Tenant d'un « centre gauche pragmatique », il présente son entrée en politique comme une évidence : celle d'un homme ébranlé par le Brexit, puis par l'élection de Donald Trump en novembre 2016. Inquiet pour l'avenir de son pays comme pour celui de la démocratie en général, il voit en Emmanuel Macron une sorte de planche de salut. Sans hésiter, sans même attendre d'obtenir l'investiture d'En marche !, se lance dans la campagne présidentielle. « Après avoir été longtemps un gros poisson dans une petite mare, j'ai décidé de me lancer dans une grande mare, quitte à y être un petit poisson. Ma crise de la cinquantaine à moi, si on veut... » Féministe, européen, prônant un dépassement salutaire des clivages, il voit tout de suite en Emmanuel Macron la solution aux périls populistes qui menacent d'emporter son pays. Perdre son niveau de vie, une inquiétude ?

1. Entretien du 29 septembre 2021.

« J'ai grandi dans un milieu modeste, ensuite j'ai très bien gagné ma vie. Je n'ai jamais basculé dans le "trop n'est jamais assez", si fréquent dans mon milieu. L'argent m'a donné une liberté très précieuse. Évidemment, avec mon épouse, nous nous sommes posé des questions. Mais nous avons décidé ensemble que le jeu en valait la chandelle, et que l'engagement méritait le sacrifice d'une partie de notre confort personnel. »

Les premiers pas à l'Assemblée, livré à lui-même comme ses 576 collègues, n'ont pas été de tout repos, avoue-t-il : « On ne te donne pas le mode d'emploi. Au début, je me suis sérieusement demandé à quoi j'allais servir. J'ai eu un grand moment de doute. J'avais mis un océan entre moi, ma femme et mes enfants, et je ne voyais pas le chemin... » Mais très vite, il reprend : « J'ai eu une chance immense, celle d'obtenir un poste qu'auparavant tu pouvais occuper au terme de trois mandats de député, voire plus. » Et très vite, il apprend les codes si particuliers de l'Assemblée, navigue dans le labyrinthe des administrations et des cabinets ministériels.

Il reconnaît, alors que se profile le terme de son mandat, de nombreux avantages à la politique. « C'était un moment unique, qui ne se reproduira peut-être jamais, où tout était possible. Avant Macron, un profil tel que le mien – jamais élu auparavant – n'aurait jamais accédé aux fonctions de président des affaires économiques. » Parmi les bonnes surprises, à son entrée en politique, il cite le fait que « les politiques sont finalement des hommes et des femmes, la nature humaine s'exprime en politique comme partout ailleurs, et c'est vrai que les rapports que l'on peut nouer – respect mutuel, relative bienveillance au-delà même des désaccords politiques, échanges courtois… – y sont parfois exceptionnels ». Il ajoute : « Quand tu es député, tu es un peu comme un entrepreneur individuel : tu as un budget pour monter ton équipe, puis tu es très libre, tu gères ton temps comme bon te semble, tu choisis les sujets sur lesquels tu veux t'investir, il y a une vraie liberté, pour peu que tu maîtrises les codes. »

En écoutant Roland Lescure, on comprend qu'il ne regrette pas une seconde d'avoir « pris son risque » en juin 2017, selon la terminologie en vogue dans la Macronie. Mais même cet enthousiaste a connu quelques expériences franchement négatives et reconnaît bien des défauts au milieu politique.

« Je fais partie des quelques élus qui ont été expulsés *manu militari*, en septembre 2019, du Salon de l'élevage. Nous, majorité parlementaire, venions juste d'approuver le CETA – traité de libre-échange qui donna lieu à des passes d'armes passionnées. Une délégation de ma commission des affaires économiques avait été invitée au Salon de l'élevage, qui se tenait dans la région de Clermont-Ferrand. Nous débarquons donc – il y avait là André Chassaigne, mon collègue LREM Jean-Baptiste Moreau, ou encore François Ruffin… – pour un débat sur le fameux traité. Pendant les quarante premières minutes, le débat se déroule bien, de manière relativement cordiale. Mais soudain, une délégation d'éleveurs en colère débarque, et finit par nous expulser de manière brusque, si ce n'est violente. Nous sommes finalement sortis sous escorte policière. Ces gestes qui consistent à nier la possibilité même du débat sont forcément très inquiétants… Cet événement m'a donc fortement marqué. » Il avoue avoir par ailleurs reçu son lot de menaces de mort tout au long de son mandat, par exemple pour avoir voté contre l'interdiction du glyphosate dans la loi.

La vie politique est impitoyable. Xavier Bertrand aura passé de longues années à lutter contre un phénomène très français : le mépris de classe, ce regard condescendant porté par une certaine élite, à la fois politique mais aussi médiatique, sur ceux qui ne sont pas du sérail. Vous ne sortez pas de l'ENA ou de Sciences Po ? Alors vous restez derrière la vitre. À votre « vraie » place. Parce que vous n'êtes pas grand-chose. Mais le président des Hauts-de-France, qui a osé briguer la fonction suprême, a fait de cette image de « Petit Chose de Saint-Quentin » un atout, une force.

Assis dans son SUV de campagne, il raconte : « Heureusement qu'il n'y a pas que la seule élite politico-médiatique parisienne qui vote ! Sinon, Jacques Chirac ne m'aurait jamais nommé ministre de la Santé, un portefeuille si important pour les Français. Nous étions en 2005 et je venais de passer à peine plus d'un an à la tête du secrétariat d'État en charge de l'Assurance maladie. J'aurais pu être laissé dans mon coin. Il y a eu aussi un peu plus tard le regard que Nicolas Sarkozy a porté sur le tandem de porte-parole de sa campagne de 2007 que nous formions avec Rachida Dati. » Bienveillance ou cynisme de la part de celui qui allait devenir président de la République ? Un journaliste qui suivait la campagne à l'époque rapporte que le futur locataire de l'Élysée parlait de Xavier Bertrand comme de « l'agent d'assurances », suscitant des ricanements autour de lui. L'élu de l'Ain, jamais dupe de ces moqueries qui lui revenaient aux oreilles, en a visiblement fait une force, comprenant vite que ses propres détracteurs se méfiaient tout de même de son profil populaire, porteur d'un réel potentiel électoral.

Par-delà les railleries, il y avait donc également, en creux, l'expression d'une crainte réelle. Il se souvient notamment de cette réflexion à double sens de Cécilia, l'ancienne épouse de Nicolas Sarkozy : « Bertrand ? Il a la tête des Français. » L'attelage avec Rachida Dati apportait quelque chose de différent au candidat de l'UMP, un cocktail hors système, à l'image de ce pays, dont la classe politique semblait se détacher toujours un peu plus, à chaque élection.

Et pourtant. Xavier Bertrand poursuit : « Attention, malgré ces signaux positifs, je n'avais pas, selon les codes traditionnels, réellement ma place dans le système. D'ailleurs, ne pas avoir fait ma scolarité à Paris, dans les grandes écoles, ne pas posséder d'appartement à Paris, avoir mes bureaux ici, dans les Hauts-de-France, ne pas venir du sérail, ça devrait vous laisser sur la touche. "Mais comment pouvez-vous vivre en dehors de Paris ?" me demande-t-on souvent. J'ajoute à ça ce côté "petit assureur de province" dont je viens de parler. Il s'exprime encore plus maintenant. Lorsque Alain Minc dit de moi : “Il ne fait pas partie des élites”, sous-entendu : “Elles seules peuvent diriger le pays”, c’est quelque chose qui résonne très fort, cette façon de dire de vous : “Il n’a pas les soutiens qu’il faut.” Ça en dit long sur le mode de pensée, sur la considération aussi. » Le procès en illégitimité, à ses yeux, n’a pas disparu dans le “nouveau monde”, bien au contraire : « Vous savez, quand j’entends la Macronie parler de moi en “Séraphin Lampion”, dire du “gars qui vient chez vous dépanner la voiture, est-ce que vous l’imaginez président de la République”, ça joue peut-être encore dans le microcosme, mais ce n’est pas le sujet des Français. Le mépris est un manteau qui tient chaud l’hiver. Ça tombe bien, il fait froid dans les Hauts-de-France. »

Xavier Bertrand l’affirme : la rancœur n’a jamais été un moteur pour lui : « Je reviens du Salon de l’élevage de Cournon-d’Auvergne. J’y ai passé onze heures, j’ai ressenti une forme d’identification de la part de tous ceux que j’ai croisés, agriculteurs, ruraux, entrepreneurs. Je ne suis pas sûr que ce regard ait changé depuis les Gilets jaunes. *Outsider* ou *loser*, ce regard remonte à bien plus loin. »

À ses yeux, les Gilets jaunes sont avant tout le symptôme d’un déficit de considération. Il souligne que nombre d’entre eux le sont restés, sans jamais sombrer dans une quelconque forme de violence, alors même que, pour eux, rien n’a changé, et le système n’est porteur d’aucune solution à leurs problèmes. Il ajoute : « Les gens voient bien ceux qui les gouvernent, et ils sont persuadés qu'un autre profil ferait mieux. Évidemment sans garantie. Mais ils ont besoin de se reconnaître dans quelqu'un qui les comprend. Je repense à cette dame qui m'a dit l'autre jour : "J'ai le sentiment que vous nous comprenez, j'aimerais vous parler de ma retraite." Plus que ce parcours qui est le mien, c'est ma différence par rapport à Macron qui est valorisée. »

Est-ce qu'en définitive, son chemin aura été un vrai handicap ? Le Petit Chose de Saint-Quentin sourit : « Seulement vis-à-vis de l'establishment. On peut gagner sans eux. »

De fait, le congrès de son parti finit par lui donner tort : arrivé quatrième, derrière l'inattendu Éric Ciotti, Valérie Pécresse et le favori Michel Barnier, Xavier Bertrand, pourtant le mieux placé dans les intentions de vote pour la présidentielle, n'a pas réussi à convaincre l'establishment et les militants de sa famille politique. Mesure-t-on la violence de l'échec, lorsqu'il sanctionne des années de préparation, des centaines d'heures de réunions publiques, de visites des recoins les plus reculés du pays, de débats, d'émissions et de trajets ? Les nuits trop courtes, les heures volées à la famille ?

Regrette-t-il les sacrifices consentis ? Nulle amertume ne transparaît dans ses réponses. Nul étalage de souffrance non plus lorsqu'il répond du tac au tac, le lundi 6 décembre : « Non, ce n'est pas dur. La vie de beaucoup, beaucoup de Français est infiniment plus dure que la mienne. » Serrer les dents, toujours. Sans étaler ses failles ni sa déception. Et remonter sur son cheval, à peine la chute encaissée : « Non, je ne vais pas me reposer, ce serait mal me connaître ! »

Violence, difficulté à équilibrer vies professionnelle et personnelle, sentiment que « cela se décide ailleurs » et que l'élu est devenu impuissant... N'y a-t-il pas là de quoi décourager les « nouveaux entrants » ? À bien y regarder, le parcours d'un Roland Lescure fait plutôt figure d'exception. Car lorsque j'observe autour de moi, j'ai plutôt le sentiment que ma génération – et plus encore les suivantes, celles des marches pour le climat, les digital natives – ne s'engage peut-être pas moins, mais autrement. Et emprunte en tout cas de moins en moins les voies traditionnelles de la politique. Celle-ci a perdu de son lustre, ne confère plus le statut social et la fierté familiale d'autrefois. « Mais pourquoi t'obstines-tu à faire de la politique ? » me suis-je entendu dire de nombreuses fois par mes proches, lorsque j'étais en cabinet ministériel. « Tu ne gagnes même pas bien ta vie, et tu n'as jamais de temps pour toi... »

Après tout, ce n'est pas faux : pourquoi irions-nous nous embarquer dans une galère pareille ? Empiler les heures, le stress, sacrifier une part de notre vie personnelle. Tout cela pour être détestés, humiliés ou méprisés, et avoir le sentiment que le premier start-upper venu a plus de pouvoirs sur le monde que nous-mêmes, « élus de la nation » ou conseillers desdits élus ?

Même les plus résistants et convaincus, ceux qui ont l'intérêt général et l'amour du bien public chevillés au corps, avouent la part de dureté et le caractère parfois ingrat de la mission qu'ils ont choisie. Roland Lescure décrit une fonction – celle de député – où l'on est à la fois extrêmement libre, mais où la recherche du succès individuel a un poids démesuré. Le système favorise l'individualisme, alors que « tout devrait être orienté vers le succès collectif ». Réseaux sociaux, médiatisation, popularité... le député existe davantage quand il cherche à exister seul, quand il s'oppose au groupe auquel il appartient, quand il s'illustre en déposant son propre amendement... À en croire ce pilier de la majorité, l'organisation au quotidien fait que « nous sommes tous incités à travailler pour nous-mêmes ».

Il souligne également que l'influence politique conférée par le statut de député est difficile à gérer. « Nous sommes très nombreux, le rapport de force entre le législatif et l'exécutif est très favorable au gouvernement... donc il est très difficile de porter des sujets de manière autonome par rapport au gouvernement, d'établir des rapports de force réels. »

Enfin, la politique est un milieu dur à cause de l'exposition personnelle qu'elle génère mécaniquement. Dans ses fonctions privées, Roland Lescure a bien entendu connu une forme d'exposition médiatique, mais seulement en tant que représentant d'une entreprise. Alors que « là, je me représente moi-même, et lorsque l'on conteste mes idées, c'est moi en tant que personne que l'on va cibler ».

Même quand vous n'êtes pas un député « célèbre », vous vous trouvez exposé, ainsi que votre famille. En première ligne. Les insultes, les agressions sur les réseaux sociaux, les e-mails de menace, parfois même la violence physique, tout cela affecte directement l'élu de la nation qu'il est devenu en 2017. Non seulement lui, mais ses proches aussi, par contrecoup… C'est sans doute, pour beaucoup d'élus, le plus difficile à supporter. Être une cible, passe encore. Mais exposer ses proches est, pour certains, totalement insupportable.

La politique au quotidien

Il est peu probable que, si je vous demandais de qualifier la politique, « don de soi » soit la première expression qui vous vienne à l'esprit. Pourtant, au fil des nombreux échanges que j'ai eus avec des élus de tous bords et de tous les échelons depuis dix ans, la notion d'engagement m'est apparue, pour l'immense majorité, étroitement liée à l'idée de sacrifices personnels et d'abnégation.

Encore une fois, il ne s'agit pas ici de mettre les élus en concurrence avec la souffrance de millions de Français qui peinent à joindre les deux bouts, qui se sentent méprisés et ignorés par l'administration ou les dirigeants d'entreprise dont ils dépendent, ou qui craignent le déclassement et sont tenaillés par la peur de voir leurs enfants vivre moins bien qu'eux. Le sujet n'est pas là, mais bien de mettre en évidence ce qu'est réellement le quotidien des politiques, et de s'interroger sur les conséquences démocratiques de notre tendance collective à rendre la vie des élus de plus en plus difficile.

Yannick Jadot, candidat écologiste à la présidentielle de 2022, explique : « Quand tu es élu, on te demande parfois énormément, sans véritable reconnaissance de ce que tu accomplis. Les élus locaux en font pourtant beaucoup, ils font tout ce qu'ils peuvent. Nous, responsables politiques, ne demandons rien. Nous avons choisi d'être là. Mais nous sommes souvent confrontés à de la défiance… Ce n'est pas toujours simple, il y a beaucoup d'exigence et de frustration[1]… »

Un ex-collaborateur de cabinet, militant de longue date qui vient juste de raccrocher les gants pour rejoindre le secteur privé, m'explique ainsi que son épouse déteste la politique depuis toujours. Mère de trois enfants, elle a consenti depuis vingt ans ce qu'il estime être de « trop nombreux sacrifices ». De fait, la politique a tendance à tout envahir : « Je ne compte plus les projets que nous avons reportés, ou auxquels je lui ai demandé de renoncer. Pour moi, c'est ma défaite aux élections municipales de 2020 qui m'a signifié qu'il était temps d'arrêter les frais. Depuis, nous avons enfin lancé de nouveaux projets – un bébé, des voyages… – pour lesquels elle rongeait son frein depuis des années[2]. »

Avant cela, il y a eu de multiples alertes. Ainsi, lorsqu'il occupait le poste de conseiller spécial d'un ministre de Hollande, au début du quinquennat, il continuait à la demande expresse de sa femme à rentrer dormir chez eux

1. Entretien du 4 octobre 2021.
2. Entretien du 15 septembre 2021.

le soir. Le couple vivait alors en banlieue parisienne, il eût donc été beaucoup plus simple de dormir au ministère que de faire plusieurs heures de trajet quotidiennes. Mais « mon épouse savait que si je commençais à dormir au ministère, nous ne nous verrions plus ». Il rentrait donc tous les soirs, très tard, et repartait très tôt le matin.

« Je me suis rendu compte que quelque chose n'allait vraiment pas, moi qui cultivais l'illusion d'être encore un père présent, lorsqu'un dimanche soir, couchant mon fils de 5 ans, il s'est tourné vers moi, m'a embrassé et m'a lancé : "À dimanche prochain, mon papa." La politique, ce sont tous ces moments que vous volez à votre famille. Et ceux-là, vous ne les rattrapez jamais… »

Bien entendu, le quotidien de l'élu diffère selon qu'il est maire, conseiller départemental, régional, ou encore ministre. La fonction de maire est sans doute à la fois la plus exaltante, gratifiante, mais aussi l'une des plus lourdes.

David Lisnard, maire adulé de Cannes, réélu dès le premier tour des municipales de 2020 avec plus de 88 % des voix, tente de décrire son quotidien : « Il n'y a pas de "journée type". Il vous faut constamment gérer les urgences, faire face à l'imprévu. Mais il y a un point commun à nos journées : vous commencez très tôt et vous finissez tard. Il est vrai que les gens peinent à se rendre compte de ce qu'est le quotidien des maires[1]. » Pour tenir, le maire s'est imposé quelques

1. Entretien du 30 septembre 2021.

rituels, comme des soupapes de décompression : des tournées matinales, à pied ou à moto, un jogging entre midi et deux, lorsqu'il le peut. Pour le reste, l'agenda est particulièrement blindé : « Je vais sur le terrain, souvent. Mes journées sont rythmées par les réunions de suivi de projets de mandat, de management, des vérifications sur place, des allers-retours à Paris pour défendre certains dossiers. Nous organisons également de nombreuses permanences sans rendez-vous, afin de recevoir les citoyens, rester au contact. Il faut à la fois suivre le quotidien, les urgences, et accompagner les projets structurants. Dans la relation avec les habitants, il faut trouver le bon équilibre : rester accessible, toujours, dans la proximité, mais sans jamais tomber dans la familiarité, car elle peut conduire à la dérive du clientélisme. »

Tous les élus rencontrés, sans exception, avouent – parfois simplement à demi-mot – une forme de culpabilité quant à ces heures de travail à rallonge, ces dîners, ces déplacements constants, week-ends compris, qui sont autant de moments volés à leurs proches, et notamment à leurs enfants. Le temps que ces élus nous donnent, à nous citoyens qui n'en avons jamais assez, reste infiniment précieux, car il mord sur le temps de la famille, des jeux avec les enfants qui grandissent, des repas entre amis, des visites chez les grands-parents. Et de fait, la pression a plutôt tendance à s'accroître, sous l'effet combiné d'une défiance citoyenne grandissante, de la numérisation aussi, qui transforme la consommation tout comme les rapports sociaux et les politiques.

Ayant exercé des fonctions au niveau municipal dès 1983 – date de la première élection de son mari à la mairie de Levallois-Perret –, mais aussi au niveau départemental, en charge des affaires scolaires dans les Hauts-de-Seine pendant plus de vingt ans, Isabelle Balkany témoigne : « L'impact de la numérisation est survenu à Levallois plus tôt qu'ailleurs, car nous avons engagé le processus relativement tôt. Mais elle a ajouté une pression importante sur les élus, comme sur les services, car par le biais des e-mails, nous devions désormais être disponibles vingt-quatre heures sur vingt-quatre, sept jours sur sept, trois cent soixante-cinq jours par an. C'est une règle statistique : il se passe toujours quelque chose, il y a toujours une demande, une urgence à gérer... J'avais obligé les adjoints à disposer d'un e-mail personnel, afin de pouvoir être constamment joignables. Le résultat, c'est une accumulation de millions de petites choses, de petits et grands problèmes, auxquels il faut répondre le plus vite possible, sachant que les citoyens savent que les agents publics ne répondent que pendant leurs horaires de travail, et se tournent donc plus spontanément vers les élus. Car les horaires, quand on est élu, on ne connaît pas. Quand vous êtes investi, concerné par ce que vous faites, vous en payez forcément le prix sur le plan personnel. C'est le choc de l'attentat du Caire, où tout le monde, vous le savez, s'est mobilisé sans compter. Le résultat, pour nous, c'est aussi que nos deux enfants, à plus de 40 ans, nous reprochent encore aujourd'hui de ne pas avoir été présents, et de ne pas nous être occupés d'eux autant que de notre troisième enfant, Levallois-Perret. »

Ancien ministre de François Hollande et ex-député de Paris, Jean-Marie Le Guen complète ce tableau : « Moi, j'ai eu la chance d'être élu parisien, donc je suis toujours rentré chez moi le soir, même tard. Mais pour mes collègues de province, c'est bien différent… Ils sont totalement absents une bonne partie de la semaine, lorsqu'ils sont en séance à Paris. Ils passent leur temps entre Paris et leur circonscription, à débattre au Parlement ou à sillonner les communes de leur terre d'élection. Les vacances et les week-ends n'existent pas. Du vendredi au dimanche, c'est la tournée dans la "circo", les inaugurations, les fêtes du troisième âge, des écoles, les réunions publiques, les permanences… Et puis le reste du temps, on est en séance, on débat parfois jusque très tard dans la nuit, et puis l'on reçoit aussi, on essaie de faire vivre son groupe parlementaire, son parti… C'est une vie a minima à soixante, soixante-dix heures par semaine, toute l'année durant[1]. » Et il ajoute : « Quand j'ai rejoint le privé, je me suis étonné que les appels professionnels du week-end ne soient que l'exception. Moi qui commençais à peine à souffler le dimanche après déjeuner, lorsque je faisais de la politique… »

1. Entretien du 20 septembre 2021.

De fait, le numérique a transformé notre rapport au service. À tous les services, y compris publics. À l'heure de la livraison « en deux heures », du « drive », du « click-and-collect », comment comprendre que les services publics, que nous finançons à grands frais avec nos impôts, ne soient pas plus disponibles et réactifs ? Comment accepter qu'un renouvellement de carte d'identité puisse prendre des mois, ou que l'on doive accomplir des démarches administratives supplémentaires, une fois un permis A2 en poche, pour se voir délivrer la petite carte par les autorités ? La pression que l'administration ne sait plus ou ne peut plus absorber est déportée sur les élus. Ce sont eux qui pallient, tant bien que mal, les déficiences d'une bureaucratie trop lourde, trop complexe. Le consumérisme transposé à la sphère publique érige l'élu au rang de concurrent d'Amazon ou de la Fnac. Bientôt, on notera les élus – Sarkozy n'avait-il pas proposé de noter les ministres ? – et l'on demandera de pouvoir en changer à tout moment, comme on peut désormais changer d'abonnement téléphonique ou d'assurance automobile. Quelques *likes*, et puis s'en va ! Ironie de l'histoire, le parti qui propose cette révocation des élus, summum du consumérisme politique, n'est autre que l'anticapitaliste France insoumise...

Bien entendu, de très nombreux métiers sont prenants, harassants, ingrats. Mais combien de métiers sont-ils quasi bénévoles – pour beaucoup de petits élus, c'est le cas – et en même temps source constante de récriminations, d'invectives, voire d'agressions verbales ou même physiques ? Humiliations, intimidations, insultes et même menaces de mort font désormais partie du lot quotidien de la plupart des élus. Non contents qu'ils les servent, de nombreux citoyens souhaiteraient désormais qu'ils le fassent gratuitement, voire qu'ils paient pour avoir l'honneur de les représenter.

On mesure mal la violence symbolique des intrusions permanentes que subissent les élus dans l'intimité. L'épouse d'un très haut responsable politique écologiste raconte ne plus vouloir faire les courses en couple le week-end, de peur de se voir interpeller sur le contenu de son Caddie : « Comment ? Vous ne prenez pas que du bio ? Vous osez acheter du Nutella pour vos enfants ? Sacrilège[1] ! »

Un ministre en vue, qui venait de vivre une douloureuse séparation d'avec la personnalité politique dont il partageait la vie, voit la presse people étaler les vacances estivales de son ex avec son remplaçant, photos en abondance à l'appui.

Un élu, lui aussi très en vue, se souvient de la violence de son « outing de campagne », lorsqu'il était encore novice en politique. Révéler l'homosexualité d'une personnalité reste hélas un coup bas fréquemment utilisé. Candidat aux élections locales, il reçut un beau matin un appel de sa mère, à laquelle il n'avait jamais rien dit. Elle

1. Entretien du 10 octobre 2021.

venait de l'apprendre, écrit noir sur blanc, sur un tract sauvage, distribué alors qu'elle faisait son marché.

Candidat aux législatives, un ex-ministre avait été contraint d'affecter une équipe entière de militants à la surveillance des affiches de campagne autour de l'école de sa fille. Les militants du camp adverse trouvaient en effet très drôle de crever les yeux dudit candidat sur les affiches, ce qui terrifiait sa fille lorsqu'elle se rendait en classe…

Lorsqu'on choisit la vie publique, l'intimité n'existe plus. Mais qui, à part les stars du cinéma ou de la chanson, accepterait de voir son patron ou ses collègues s'immiscer dans les recoins les plus intimes de sa vie, juger la manière dont il fait ses courses, épier ses barbecues amicaux le week-end, critiquer le choix de ses vacances ou de l'école de ses enfants ? Si nous élisons des maires, des conseillers régionaux ou départementaux, ou un président de la République, est-ce pour avoir un mari fidèle, un bon père, aux goûts d'une sobriété gaullienne ? Ou bien pour avoir des hommes et des femmes compétents, investis, qui améliorent la qualité de nos routes, de nos hôpitaux et de nos écoles, et gèrent sobrement le budget de la nation tout en combattant le chômage ?

Critiques et mises en cause injustes sont sans doute parmi les choses les plus difficiles à supporter pour la plupart des responsables politiques. Car, comme le rappelle David Lisnard, « quand vous êtes élu, vous vivez de votre réputation. C'est votre capital politique, donc à la fois votre honneur et votre avenir». Et cela n'a pas de prix. «Toute personne détentrice d'une parcelle de pouvoir est un jour confrontée à des mises en cause injustes. Ça m'est arrivé lorsque j'étais encore simple adjoint au maire de Cannes.» L'étoile montante de la politique locale s'était trouvée en garde à vue, il y a une quinzaine d'années. Il précise, le détail est important: «Sur la base de simples allégations! Il était question du Palais des festivals et des congrès, de boîtes de nuit, alors évidemment, même s'il s'agissait en fait au départ d'un conflit commercial entre des tiers, donneur d'ordre locataire du centre des congrès et prestataire dans un dossier privé, ma qualité d'adjoint au maire m'exposait à une exploitation médiatique. Tous les ingrédients d'une parfaite intrigue étaient réunis… Et même si aucune charge n'a été, *in fine*, retenue contre moi, le poison du soupçon ne disparaît jamais totalement. Il peut être entretenu, longtemps après, par des personnes malveillantes.» En l'écoutant, on mesure que son indignation n'a rien perdu de sa force avec le temps. «Il n'y a rien de plus lourd, pour un élu, que la mise en cause directe et infondée de sa réputation. Mais bien sûr, quand tout à coup ce sont des vies humaines qui sont en jeu – ce fut le cas lors des inondations terribles qui ont frappé la ville en 2015 –, tous ces petits jeux de dénonciations calomnieuses et de jalousies vous paraissent soudain dérisoires.»

Pour le maire de Cannes, lorsque des magistrats reçoivent des dénonciations, il est normal qu'ils procèdent à des vérifications. Mais attention: «Désormais, dans notre société, la mise en cause vaut accusation, l'accusation vaut condamnation, et vous pouvez vous trouver sali, amalgamé aux pourris et aux truands à tout jamais. »

Dans l'opinion publique, c'est le fameux principe du « pas de fumée sans feu » qui prévaut désormais systématiquement dans ce type d'affaires... Sauf que, comme le relève David Lisnard, « il nous faudrait gagner en maturité civique ! Oui, il y a du feu avec de la fumée, et il y a du feu sans fumée... mais il y a aussi des fumées sans feu. Et aujourd'hui, personne ne veut croire que vous êtes totalement innocent lorsque vous avez un jour fait l'objet de vérifications judiciaires médiatisées ». Sans faute juridique, ni même éthique, un élu peut désormais se voir condamné par le tribunal de l'opinion, sans aucune possibilité de laver son honneur. « Les effets de meute sont terribles... »

Parmi les idées les plus répandues sur les élus, celle qui en fait des nantis, des profiteurs qui se remplissent les poches et passent leur temps à se gaver de petits fours, apparaît en bonne place. Quelques exemples font figure de symboles, érigés au rang de généralité : Cahuzac et ses millions planqués en Suisse, ou les Balkany, avec la villa Pamplemousse ou le moulin de Giverny – peu importe que le premier, quelles que soient ses turpitudes, ait nié tout enrichissement personnel, et que les seconds assurent que leurs biens ont été achetés avec l'héritage familial. Quand on est dans la politique, on est riche, point. J'ai moi-même été renvoyée plusieurs fois à cette idée reçue, alors que je ne suis pas sortie plus riche qu'à l'entrée de mes presque cinq années passées à Matignon.

Peu importe que la loi du 27 décembre 2019 ait fixé le plafond de la rémunération mensuelle brute des maires de communes de moins de 500 habitants à 991 euros, à 1 566 euros pour les maires de communes de 500 à 999 habitants, et à 2 006 euros pour les maires de communes de 1 000 à 3 499 habitants – pas de quoi rouler sur l'or aux frais du contribuable. Les maires de communes de 100 000 habitants et plus, les mieux lotis, peuvent quant à eux toucher jusqu'à 5 639,63 euros brut mensuels.

Peu importe qu'un plafond ait été mis en place pour les élus locaux détenant plusieurs mandats ou siégeant dans divers organismes publics, à 8 434 euros brut mensuels. Il n'importe pas davantage, aux yeux de citoyens qui n'estiment méritée, en matière de richesse, que la leur propre, que les ministres aient vu leur rémunération limitée depuis le début du quinquennat de François Hollande : 15 203 euros brut mensuels pour le Premier ministre, 10 135 euros pour les ministres et ministres délégués, et 9 623 euros pour les secrétaires d'État… Des sommes qui paraissent très substantielles, mais qui sont à rapporter au salaire moyen des hauts cadres du privé, qui variait pour l'année 2019 entre 47 000 et 132 000 euros brut annuels, soit environ 3 900 à 11 000 euros brut mensuels. Sans aller jusqu'à comparer ces rémunérations à celles des grands patrons français, bien plus élevées, est-il choquant que ceux qui dirigent tout un pays gagnent autant que ceux qui dirigent des entreprises, si florissantes soient-elles ?

Les citoyens n'ont guère plus enregistré qu'un amendement LREM, voté dans le cadre de la réforme avortée des retraites en 2020, prévoyait que les députés et sénateurs entrant en fonction à compter du 1er janvier 2022 seraient affiliés au régime général « au titre du système universel de retraites ». Il s'agit là de mettre un terme à un « privilège » parlementaire souvent décrié, qui conduit à ce qu'un euro cotisé donne droit à 1,50 euro de retraite...

Le fait est qu'aujourd'hui, à bien des égards, si l'on recherche une certaine tranquillité financière, mieux vaut être commercial ou banquier, ou même ouvrier smicard, que politique. Car il est plus difficile d'emprunter que pour n'importe quelle autre profession, quand vous appartenez à la catégorie juridique des PPE, les « personnalités politiquement exposées ». La compagne d'un alors quasi-candidat à la présidentielle se souvient s'être entendu répondre par son courtier, sollicité pour financer un appartement : « Surtout, n'empruntez pas avec votre compagnon, mieux vaut être prostituée que politique pour obtenir un emprunt ! » Un ex-ministre rappelle que, plus de trois ans après avoir rejoint le secteur privé, son statut de PPE génère des contrôles extrêmement tatillons de sa banque. « Il me faut tout justifier à ma banque, en permanence, y compris pour donner 1 000 ou 2 000 euros à ma fille[1]... »

1. Entretien du 21 septembre 2021.

Pourtant, les clichés ont la vie dure, et c'est encore l'une de nos contradictions : nous méprisons les pauvres et nous nous méfions, voire jalousons les riches. Éric Dupond-Moretti n'a ainsi pas été épargné lorsque, le 24 novembre 2020, la Haute Autorité pour la transparence de la vie publique a révélé son patrimoine, comme celui de l'ensemble des membres du nouveau gouvernement Castex. Outre ses honoraires de 70 000 euros mensuels et son « patrimoine XXL[1] », vu, décortiqué et critiqué à l'envi : maison de 300 m^2 à Nice, 3,5 hectares de vignes à Collioure, appartement de 200 m^2 à Paris, logement en Corse, maison dans les Hauts-de-France, Bentley, Harley-Davidson, bateau, Rolex… –, tout fut commenté, non pas pour féliciter cet avocat d'avoir renoncé temporairement à ses honoraires pour les beaux yeux de la République, mais pour dénoncer un train de vie certainement trop éloigné de celui du Français moyen. Comme si l'efficacité et la capacité à comprendre les problèmes de ses concitoyens étaient indexées sur la richesse d'un homme ou d'une femme…

Avoir été élu ou collaborateur d'élu est rarement un atout pour une reconversion professionnelle dans le secteur privé. Pire, c'est souvent un handicap.

1. Philippe Barthélémy, « Rolex, Bentley, bateau… le luxueux patrimoine d'Éric Dupond-Moretti rendu public », *Capital*, 24 novembre 2020.

Handicap parce que vous êtes inclassable, et l'équivalence des compétences développées en politique est souvent difficile à établir. C'est l'expérience qui fut celle d'un ex-collaborateur de deux députés, jeune et très diplômé, débarquant à Pôle emploi afin de chercher du travail. Au terme de son bilan de compétences, le conseiller a pris un air ennuyé et fini par lâcher: «Bon... je ne sais pas trop dans quelle case vous mettre. La plus appropriée est sans doute... les services à la personne.» Le candidat en est sorti estomaqué, se demandant ce qu'il pouvait bien y avoir de commun entre une aide-soignante et un spécialiste du droit public, entre une personne qualifiée dans le monde de la santé, qui apporte des soins à des malades, et une autre ayant participé à rédiger la loi ou à participer à des campagnes électorales.

Aujourd'hui, le prestige d'avoir été député ou même ministre n'assure plus une reconversion professionnelle confortable et sans heurt. Certains savent, au mieux, vendre leur réseau ou leur connaissance des rouages de l'État. Mais de plus en plus, ils se heurtent à une forme de défiance du privé, et de déclassement social et statutaire.

Le «virus de la politique» inquiète: un recruteur m'a ainsi demandé très sérieusement, alors que j'avais quitté Matignon depuis quelques mois et que j'explorais différentes options de reconversion, si j'étais certaine d'avoir «réglé mon problème œdipien avec la politique». Sous-entendu: ne vais-je pas investir dans ta formation, pour te voir repartir en politique au bout de six mois ou un an?

Cette défiance se nourrit aussi de la crainte d'importer, au sein de l'entreprise, des fortes têtes, des militants susceptibles de troubler les équilibres sociaux et rendre le management autrement plus difficile. Et il est vrai que la politique encourage le développement de certaines qualités individuelles qui peuvent freiner l'intégration à un collectif. La culture, celle du public, n'est pas celle de la rentabilité, et la reconversion suppose un temps d'adaptation, voire de formation, sur lequel les entreprises sont parfois frileuses.

Nous déplorons la multiplication des apparatchiks de la politique, mais comme le dit un ex-ministre de François Hollande : « À une époque, une entreprise était fière d'avoir un parlementaire, de le faire travailler, etc. Aujourd'hui, de nombreux ex-députés battus se retrouvent avec, au mieux, un recasage dans leur administration d'origine, au poste initial, sans progression correspondant au temps du mandat. Et, au pire, au chômage. » Une des questions majeures que pose l'engagement politique est celle du maintien des compétences pendant la durée du mandat : « Les gens continuaient à être chirurgiens. Je ne suis pas certain que ce soit une bonne chose, mais en tout cas c'était une manière d'entretenir leur savoir-faire. Maintenant ce n'est plus possible, donc cette facilité-là pour retrouver un emploi à la sortie a disparu. En médecine, comme dans de nombreuses professions, l'évolution du savoir et des techniques est si rapide que vous ne pouvez plus cumuler les deux de toute manière. La question du maintien des compétences pendant le mandat se pose particulièrement dans le milieu médical. Sur le plan professionnel, le mandat est, de fait, un saut dans l'inconnu[1]. »

Comme le résume très justement Franck Louvrier : « À force de vouloir dévaloriser la vie publique, les gens ne veulent plus s'y engager. Donc ce ne sont pas toujours les meilleurs qui entrent en politique… Heureusement, les électeurs choisissent, c'est rare qu'ils se trompent durablement. »

Il y a un autre élément, susceptible de décourager un grand nombre de postulants : le retour dans la vie privée est plus difficile qu'avant, parce que l'engagement public n'est pas valorisé. Pour le maire de La Baule, il faut valoriser les élus : « Dans le privé, votre engagement ne permet pas le cumul avec une fonction élective. Les formations pourraient trouver là un rôle, en aidant à la reconversion des élus. Perdre son mandat et se retrouver au chômage, cela ne devrait pas être considéré comme normal. Lorsqu'on fait don de soi, on devrait être récompensé, et non pas puni. »

Les pouvoirs successifs ont eu la main qui tremble, quand il s'est agi de réformer le statut des élus. Comme s'ils étaient dans l'incapacité de balayer devant leur propre porte. Pour Franck Louvrier, passé de conseiller politique à professionnel de la communication, avant de choisir la vie publique, il faut rehausser ce statut : « On ne fait que réduire les indemnités, donc on dévalorise le

1. Entretien du 23 septembre 2021.

rôle de l'élu. On fait des lois sur le cumul, ce qui conduit les élus à la déconnexion, mais jamais on ne réfléchit à l'attractivité de la responsabilité publique. Nous pleurons sur notre démocratie sans jamais chercher à l'aider à fonctionner dans le monde actuel ! Quelles ont été les réformes positives ces dernières années sur le rôle des élus ? Nous empruntons toujours la voie de la facilité, la suppression, et jamais la construction. » De son point de vue, le discours pro-élus n'existe pas dans le débat public, car il est forcément considéré comme une défense de l'entre-soi.

À cette dévalorisation du statut de l'élu et ces difficultés de reconversion professionnelle, de plus en plus courantes, s'ajoute désormais un risque judiciaire accru. L'on sait qu'Édouard Philippe avait, au moment du premier déconfinement en mai 2020, mal vécu une petite phrase du président de la République, rapportée par la presse : « Il gère son risque judiciaire. » Commentaire qui visait à expliquer la prudence – sans doute jugée excessive par un chef de l'État qui avait décidé d'un déconfinement précoce, contre le consensus politique et scientifique – du Premier ministre quant au rythme du déconfinement.

De fait, la suite a plutôt donné raison à Édouard Philippe, puisque de nombreuses perquisitions ont visé les ministres concernés ainsi que lui-même, et qu'Agnès Buzyn a été mise en examen à l'automne 2021 pour n'avoir pas pris suffisamment au sérieux le risque pandémique jusqu'à mars 2020. La décision d'instaurer une instance particulière pour prendre les principales décisions sanitaires durant la crise, un Conseil de défense sanitaire, calqué sur son équivalent destiné à la question des sujets de défense et de terrorisme, n'est sans doute pas étrangère à la montée de la pression judiciaire sur les politiques. Protégés par le secret-défense, les décisionnaires pouvaient sans doute débattre et s'exprimer plus librement que sous le regard des parlementaires, des citoyens, et donc des juges. Quitte à concentrer toujours plus les pouvoirs décisionnels, et à organiser une forme d'irresponsabilité politique à travers l'opacité délibérée des décisions.

De fait, la pandémie de Covid-19 a marqué une nouvelle étape dans le processus, engagé de longue date, de judiciarisation de la vie politique. Au risque de décourager encore davantage ceux qui pourraient aspirer aux plus hautes fonctions, et donc être conduits à prendre des décisions difficiles, désormais passibles de poursuites.

Grâce à des séries télévisées comme *Baron noir*, nous avons levé un coin du voile sur les coups bas, les déceptions, les stratégies de billard à trois bandes – ou plus –, mais aussi les montagnes russes émotionnelles que vivent parfois ceux qui nous dirigent. De fait, la fonction peut générer d'immenses joies, de grands moments de doute, et des déceptions cruelles.

Imaginez : nous sommes en 2017. Le parti écologiste vient juste de désigner son candidat pour la présidentielle. Ce sera Yannick Jadot, ex-membre de Greenpeace encore méconnu du grand public. Déterminé, connaissant bien ses dossiers, il espère effacer l'humiliation de ses prédécesseurs, tous ceux que vous avez déjà oubliés, comme Eva Joly, et qui sont toujours restés cantonnés à la marginalité sondagière et électorale.

Désigné dans un contexte compliqué, le candidat se souvient d'une ambiance pourtant apaisée par rapport à ce qu'elle avait pu être dans le parti. « L'écologie politique, à ce moment-là, n'allait pas bien[1]. » Il espère un temps que, une fois la voie dégagée, les courbes sondagières vont enfin décoller. Après tout, la primaire socialiste, qui a vu s'affronter Manuel Valls et Benoît Hamon au début de l'année, n'a-t-elle pas achevé de diviser un camp déjà très affaibli par un quinquennat Hollande catastrophique ? Il y a une opportunité, en tout cas, pour récupérer les déçus de Hollande, les traumatisés de la « déchéance de nationalité » et de la loi travail du printemps 2016.

Mais très vite, l'évidence s'impose : le sondage d'intentions de vote quotidien réalisé par l'IFOP, publié chaque jour vers 18 heures sur le site de *Paris Match*, reste invariablement scotché en dessous de 3 %. Yannick Jadot le concède : « Tu sais que le *rolling* va tomber chaque jour. Tu mènes ta campagne, tu y es préparé, évidemment... Mais chaque jour, tu es ramené à 1,5 %, puis 2 % – ah, ça monte ! –, puis à nouveau 1,5... À ce moment-là, c'est dur à tous les étages, dans l'équipe de campagne. »

1. Entretien avec Yannick Jadot du 4 octobre 2021.

Dans le couloir d'à côté, propulsé par sa victoire à la primaire, le candidat socialiste semble un temps bénéficier d'une dynamique solide : « À la fin, il faut se rendre à l'évidence, la dynamique politique de ce début de campagne présidentielle de 2017 fait que Benoît Hamon est à 17 dans les sondages. Il a repris une partie de mon logiciel politique, et un trou de souris laisse espérer une victoire possible. Car à 17, il se trouve à portée du seuil d'accès au second tour. Là, on se dit qu'il peut gagner… Et donc même si c'est difficile, il faut prendre ses responsabilités et se retirer en sa faveur. »

Malgré la fatigue accumulée depuis des mois – celle de la bagarre des primaires, puis celle de la présidentielle avortée –, le candidat doit encore trouver la ressource physique et psychologique pour faire campagne. Avoir la force de le faire pour un autre, comme si c'était pour soi-même. Oublier les regrets, renoncer à ce à quoi l'on s'est préparé depuis des mois, voire des années, et surmonter la déception d'avoir dû rendre son tablier.

Et là vient s'ajouter une difficulté supplémentaire : « Loin de s'additionner, nos scores semblent soudain fondre. La perspective de la victoire, pour laquelle j'avais sacrifié ma candidature, se dérobe. Dans le sondage d'intentions de vote quotidien de l'IFOP, les scores du candidat socialiste ne cessent de s'effriter. Jusqu'à ce que, à la faveur d'un débat télévisé réussi, Jean-Luc Mélenchon vienne siphonner une bonne partie des voix de Benoît Hamon. » Combien de fois Yannick Jadot a-t-il revisité cette campagne, envisagé ce qui se serait produit s'il avait maintenu sa candidature ? Il ne le dira pas. En politique, mieux vaut ne pas tenter de refaire le match, quitte à s'enfermer dans le passé…

Les campagnes électorales peuvent être d'amères expériences. Mais les congrès socialistes parviennent à être bien pires. Ils sont le lieu des tractations les plus longues et les plus complexes, des alliances les plus improbables, des surprises que l'on ne voit venir de nulle part. Ce fut le cas du congrès de Reims, en novembre 2008. Il s'agissait alors de trouver un successeur à François Hollande, qui venait d'occuper la fonction de premier secrétaire pendant une dizaine d'années. Les principales motions qui s'affrontaient étaient celles de Martine Aubry, de Bertrand Delanoë et de Ségolène Royal. Trois personnalités fortes, issues de l'ancienne majorité, désireuses de piloter un parti exsangue. Nicolas Sarkozy venait de remporter la présidentielle un an plus tôt. Qui donc allait l'emporter, pour mener le navire socialiste prenant l'eau vers de nouveaux horizons ?

Le deuxième tour semblait dessiner un affrontement Delanoë *vs* Royal. Qu'allait donc faire Martine Aubry, dont le pôle des « Reconstructeurs », son courant, rassemblait des partisans de Laurent Fabius, Arnaud Montebourg ou encore Dominique Strauss-Kahn ? La maire de Lille est initialement restée très discrète sur ses intentions, afin de ne pas « nourrir les querelles de personnes », comme elle l'avait déclaré.

Un de ses anciens très proches collaborateurs raconte cette journée électorale si particulière : « Lorsque nous nous retrouvons pour le petit déjeuner à 8 heures, Martine nous explique qu'elle ne sera pas candidate. Elle pense encore, sans doute, que Bertrand fera le job. Puis elle prend sa voiture, seule avec son chauffeur, pour se rendre sur les lieux du congrès. Et là, l'information tombe : Delanoë renonce ! Interdite, elle demande alors au chauffeur de s'arrêter un instant sur le bas-côté. Elle doit téléphoner à une personne, une seule, pour lui demander l'autorisation de se porter candidate à ce job qu'elle sait dur, prenant, non sans conséquences sur sa vie personnelle[1]. »

C'est sa fille unique, Clémentine, qu'elle appelle alors. Cette jeune femme de 30 ans a déjà supporté tant de campagnes, tant d'absences… Elles échangent quelques minutes à peine. Puis la maire de Lille raccroche, sa voiture repart vers le site. En arrivant, elle se dirige directement vers l'espace réservé aux équipes des différentes motions pour y retrouver ses plus proches. Il faut se décider, vite. Sera-t-elle candidate ? Devine-t-elle les déchirements, les querelles intestines, les rancœurs qui viennent ?

« À 10 heures moins 10, François Lamy sort de la pièce. Sans un mot d'elle, il prend sur lui d'aller déposer

1. Entretien du 14 septembre 2021.

sa candidature. Lorsqu'il revient, elle comprend que c'est fait, l'engrenage est actionné. Elle se met alors à pleurer, quelques instants, le temps de faire le deuil de cette vie plus paisible à laquelle elle aspirait sans doute. Puis, sans un mot, elle relève la tête, et nous comprenons tous que la bataille est engagée. »

Elle sera élue première femme de l'histoire au poste de premier secrétaire, avec un score de 50,04 %. 102 voix d'avance, seulement. Son adversaire conteste, ses lieutenants crient à l'usurpation. Ce n'est alors que le début de la bataille…

Oui, le monde politique est un milieu dur, souvent violent, si ce n'est sur le plan physique, du moins sur le plan psychologique. Plus que la sphère privée ? Plus que le monde universitaire, qui ne manque ni de coups bas, ni de rivalités, ni d'ego surdimensionnés ? Plus que le monde médical, en particulier celui de l'hôpital, que mes parents m'ont toujours décrit comme un bocal qui ne manquait pas de requins ni de piranhas ? Difficile à dire, au fond.

Mais est-ce comparable ? Pour ce collaborateur de cabinet ayant longuement côtoyé les cercles du pouvoir socialiste, avant de devenir macroniste, le monde politique est souvent perçu comme un environnement brutal, avec des rapports de force difficiles. C'est tout à fait vrai, « mais ni plus ni moins que tous les lieux de pouvoir. Et le paradoxe, c'est que j'ai trouvé cela moins violent que dans d'autres environnements de pouvoir, parce que les règles du jeu sont claires». Pour lui, contrairement au milieu universitaire, «en politique, tu sais où tu es, tout y est dit et assumé, alors qu'ailleurs les rapports de force sont plus feutrés, plus hypocrites. Le politique est aussi un endroit où la loyauté est très valorisée, très présente. J'y ai croisé des gens dont l'amitié et le soutien restent extrêmement forts et précieux. Je n'ai pas connu cela ailleurs[1] ».

D'autres rappellent, à l'image de cet ancien collaborateur d'élu, passé ensuite conseiller ministériel, que «la politique, ce n'est ni mieux ni pire que les relations intrafamiliales. Une dispute pour un héritage est sans doute plus violente qu'un congrès du Parti socialiste. Les élus sont simplement des êtres humains comme vous et moi, pour le meilleur et pour le pire. Sous la loupe des médias, les qualités, même les plus banales, deviennent des atouts hors norme et les petits défauts des handicaps rédhibitoires[2] ».

Pour Christophe Borgel, ancien député et haut cadre du PS, les rapports entre élus et citoyens se sont certes braqués ces dix dernières années. Mais «ils étaient autrement plus violents dans la première moitié du XXᵉ siècle. Sans remonter jusqu'à la période où les députés pouvaient s'affronter en duel, jusqu'au début des années 80, les bagarres étaient fréquentes lors d'opérations de collages d'affiches. Tu n'y allais pas sans manche de pioche

1. Entretien du 28 septembre 2021.
2. Entretien du 14 septembre 2021.

ou sans matraque dans la camionnette. Nous savions tous que cela pouvait finir en baston. Certains parmi nous, les gros bras, aimaient ça, cela faisait partie du charme de la politique[1] ».

Jean-Marie Le Guen, ancien ministre des Relations avec le Parlement de Manuel Valls, longtemps député de Paris, abonde : « Le plus difficile à vivre, ce sont sans doute les rapports entre les politiques. Lorsque vous cherchez à faire bouger les lignes, à innover, vous pouvez vous heurter à des conservatismes, à la bêtise à courte vue d'élus ou d'administrations cherchant à tout prix à conserver leur parcelle de pouvoir, fût-ce au détriment de l'intérêt général. » Bien sûr, les défaites électorales aussi peuvent être rudes, amères, voire injustes. « J'ai vu des politiques battus alors qu'ils avaient été des élus tout à fait remarquables. Et puis il y a des moments collectifs compliqués, notamment dans les années 1992-1993, quand le PS était au plus bas. Je parvenais tout de même à comprendre les critiques qui nous étaient adressées, même si évidemment je ne les partageais pas[2]. »

Xavier Bertrand, en pleine bataille pour la candidature LR de la droite à la présidentielle, relativise la dureté des rapports et des coups bas : « Les enjeux de pouvoir, les alliances rompues, les amis qui vous lâchent… ce n'est pas ça, le plus dur. Il faut toujours s'y attendre, car la pression est permanente. Les rapports de force, les

1. Entretien du 16 septembre 2021.
2. Entretien du 15 septembre 2021.

trahisons sont incontournables. Cela ne me surprend pas. Peut-être à cause de l'expérience de l'une de mes premières campagnes : j'organisais celle de mon sénateur, en 1989. Au moment de la défaite, je suis devenu le responsable tout désigné. J'ai vu les regards changer, les gens sympas devenir méchants, agressifs. Cela m'a marqué, mais j'ai retenu la leçon. Depuis, je relativise. » Mais pour le président des Hauts-de-France, ces luttes intestines ne sont pas le plus dur dans l'exercice du pouvoir : « Non. La vraie difficulté, en politique, c'est d'être confronté à la mère dont les enfants viennent de décéder dans l'incendie de leur maison. J'étais alors maire de Saint-Quentin. Là, il faut accepter l'impuissance, le fait de ne rien pouvoir réparer. Il vous faut savoir écouter, accompagner. La vie politique, à côté de ces drames, n'a rien de très difficile. »

La douleur est palpable dans les mots et sur le visage de ces élus qui ont un jour regardé la mort – celle de leurs concitoyens, d'électeurs connus ou d'inconnus – en face.

On la ressent dans les propos d'Isabelle Balkany, lorsqu'elle se remémore l'attentat du Caire. On la lit sur le visage dur, le sourire inversé, de Manuel Valls lorsqu'il évoque les attentats de *Charlie Hebdo*, du Bataclan ou de Nice. On l'éprouve dans les sanglots qui étranglent Emmanuel Macron, lorsqu'il parle juste après l'assassinat de Samuel Paty – « ils ne passeront pas ».

Ou encore lorsque François Hollande apparaît blafard, médusé, sur toutes les chaînes d'information en continu. « C'est une horreur », lâche le président de la République, aux abords du Bataclan, ces mots, résumant à eux seuls, cette nuit-là, les attentats de Paris et de Saint-Denis du 13 novembre 2015. Dans ces situations extrêmes, ce sont des expressions claires qui surgissent spontanément, et qui dans leur simplicité charrient toute la charge émotionnelle d'une nation sidérée et en deuil.

Six années plus tard, lorsqu'il se remémore ce cauchemar, à l'occasion de l'ouverture du procès de Salah Abdeslam, seul membre du commando encore en vie, et de dix-neuf autres accusés, François Hollande, invité de la matinale de France Info le 8 septembre 2021, voit sans doute défiler ces images de terreur, comme si elles dataient de la veille. L'ancien président raconte les premières alertes, reçues alors qu'il assistait à un match de foot amical France-Allemagne au Stade de France : « Lors de la première détonation, j'ai la même interrogation que celles et ceux qui m'entourent : est-ce un pétard, une bombe agricole, ou est-ce que c'est plus grave ? Lors de la deuxième détonation, je n'ai plus de doute : il y a un acte terroriste sans doute, qui vient de se produire. La cheffe de la sécurité me dit qu'il y a déjà un mort, donc je pense à ce moment-là que nous sommes devant une attaque localisée, par rapport au Stade de France, pour créer la panique[1]. » Il faut agir, avec des informations parcellaires, des doutes quant à la menace qui se dessine.

1. « Procès des attentats du 13-Novembre, menace terroriste, Afghanistan... Le "8h30 franceinfo" de François Hollande », 8 septembre 2021, © Radio France/France Info/Marc Fauvelle.

Sans créer de mouvement de panique en interrompant le match. Sans savoir si des terroristes attendent l'évacuation pour frapper encore.

François Hollande, concentré, précis, l'air grave, poursuit son récit: « Très rapidement, je sors de la tribune officielle, je me rends dans le lieu où toute la sécurité est rassemblée, je suis informé par Bernard Cazeneuve et Manuel Valls des attaques qui se font sur les terrasses. Donc je comprends qu'à ce moment-là nous ne sommes plus devant un acte isolé d'un terroriste qui serait venu créer la panique, mais devant un acte qui va bientôt être un acte de guerre... »

Il prend alors la décision de brouiller les communications téléphoniques et Internet de l'ensemble des spectateurs du stade, afin qu'ils ne soient pas au courant de ce qu'il se passe juste à côté d'eux et d'éviter un mouvement de foule: « J'essaie d'interpréter, si c'est possible, ce qu'est l'intention du groupe terroriste. C'est de créer une panique, puisqu'ils ne sont pas parvenus à rentrer dans le stade. À partir de là, si les spectateurs voient que la tribune officielle se dégarnit rapidement, s'ils comprennent que le match va être interrompu, ils vont se poser la question par rapport aux détonations qui ont déjà été entendues. Donc je fais passer la consigne d'abord de brouiller les ondes, et ensuite de faire en sorte que le match continue. La meilleure preuve, c'est que les joueurs ne sont pas informés de ce qui se passe, et à l'extérieur du stade et à Paris. Et enfin, je demande à la mi-temps à tous ceux qui sont dans la tribune officielle de rester, comme si de rien n'était. Et de comprendre que, en restant dans le Stade de France, c'est la meilleure façon d'être en sécurité. »

Le chef de l'État, qui est aussi un père de famille, pense aux enfants présents dans l'enceinte sportive : « J'avais une autre inquiétude – mon fils était là, je lui ai dit : "Reste là, c'est là que tu es en lieu sûr" –, mon interrogation aussi était de savoir s'il n'y avait pas un groupe terroriste qui attendait la fin du match, à la sortie… »

Sur le plateau de l'interview du matin de France Info, l'émotion est bien réelle, intacte, comme si les faits venaient à peine de se produire. Après sa décision prise à chaud, dans un brouillard informationnel, de laisser le match se poursuivre, le président de la République, qui sait la capitale attaquée, transformée en zone de guerre, et la démocratie frappée dans ce qu'elle a de plus précieux, la paix, la liberté, la tolérance, quitte le Stade de France, direction la cellule de crise du ministère de l'Intérieur, où il retrouve Bernard Cazeneuve et le Premier ministre Manuel Valls.

François Hollande marque un court silence, et reprend, avec sa diction si particulière, parfois saccadée, mais toujours avec des mots choisis, précis, presque cliniques : « Il y a ce qui se passe au Bataclan, puisque c'est là qu'il y a encore des terroristes qui sont hélas en train de décimer, et de frapper, et de massacrer… Donc ce sont des décisions que nous prenons pour les neutraliser. » Il n'en dit pas plus sur la réponse policière, pour ne pas dire militaire, aux attaques. Il évoque alors l'urgence de sauver des victimes, tant que c'est possible : « Il y a les secours qu'il faut organiser. Je dois saluer les services de secours. Nous savons maintenant qu'ils ont sauvé des vies, parce que tous ceux qui avaient été blessés ont pu, sauf deux ou trois cas individuels, s'en sortir. Et puis je fais en sorte que nous puissions être sûrs qu'il n'y a pas d'autres terroristes, et il y en avait, qui puissent répéter des actes et des opérations. J'ai aussi à prendre une décision sur l'état d'urgence puisque la déclaration doit être prise en Conseil des ministres, et de fermer les frontières. Donc c'est une suite de décisions qui concernent à la fois la mise en sécurité, la prévention d'autres actes terroristes, et bien sûr, les secours qui doivent être apportés. » Personne n'est préparé à pareille situation. Sauf peut-être celles et ceux qui ont connu les théâtres de guerre, l'arme au poing, dans des situations extrêmes. Et encore, leurs décisions ne concernent pas une nation tout entière qu'il faut protéger dans un premier temps, puis tenir les jours suivants, afin qu'elle ne bascule pas dans le chaos.

Il est un peu plus de minuit, l'assaut vient d'être donné au Bataclan, et François Hollande décide de se rendre sur place. Il descend la rue du Bataclan avec une partie du gouvernement, avec la maire de Paris Anne Hidalgo également. Des terroristes peuvent être encore sur place… « Les services de sécurité m'ont prévenu, m'ont dit : "Nous ne sommes pas sûrs qu'il n'y ait pas encore de terroristes dans les quartiers concernés et notamment dans celui du Bataclan." C'était d'ailleurs la même précaution qui m'avait été donnée lorsque je m'étais rendu sur le site de *Charlie Hebdo* quand la rédaction avait été décimée. Mais je n'ai pas désobéi aux services de sécurité. Je leur ai dit : "Nous devons donc prendre toutes les vigilances nécessaires, fermer un certain nombre d'accès, mais il ne faut surtout pas que nous puissions gêner par notre présence l'évacuation des victimes du Bataclan." C'était ma seule garantie que cette visite avait un sens. Si je n'étais pas venu, si le chef de l'État, au moment où il y avait ces images qui venaient, au moment où des journalistes faisaient leur travail, au moment où les services de secours évacuaient les blessés, si je n'étais pas venu avec les membres du gouvernement, la maire de Paris, les autorités administratives et judiciaires, qu'aurait-on dit ? Donc j'avais absolument besoin d'être là et ces images, ces images resteront gravées toute ma vie dans ma mémoire. »

Les images en question, ce sont celles des victimes de la folie terroriste, ces femmes et ces hommes de tous âges, de toutes les origines, frappés aveuglément par des barbares islamistes radicaux qui ont tourné le dos à l'humanité. François Hollande devait voir ces victimes innocentes de ses propres yeux. Il poursuit son récit, avec une forte émotion, qu'il a du mal encore à contenir : « Quand j'ai vu ces femmes et ces hommes qui sortaient encore du Bataclan… les yeux hagards, entrelacés les uns les autres, qui me voyaient sans comprendre. Ou plus exactement effarés par ce qu'ils avaient vu, sidérés. Il fallait que je les voie. Je n'avais pas besoin de rentrer dans le Bataclan, ce n'était pas mon rôle. On m'a proposé de le faire. J'ai dit non, ça, c'est le travail des services de secours, de la police, de faire en sorte qu'il puisse y avoir la certitude qu'il n'y a pas d'autre risque. Mais moi je ne suis pas dans l'examen, dans la vision de scènes d'horreur, même si j'ai prononcé ce mot, "c'est une horreur". Ce qui s'est produit est une horreur, et c'est pour ça que ce procès est si important pour les victimes. »

La question lui est alors posée : quand on est président, on se dit qu'on ne pleure pas ? François Hollande y répond sans détour, en être humain et en président : « On se dit qu'on ne pleure pas, mais l'émotion, elle est là, et on essaie de la retenir, parce que ce serait peut-être céder à ce que les terroristes veulent faire. Mais quand les caméras sont éteintes, et qu'on revient dans la solitude, parce qu'il y a aussi une part de solitude, vers 4 heures, 5 heures du matin à l'Élysée, on se pose une question : qu'est-ce que je peux faire encore ? Est-ce que je dois même dormir ? Et puis est-ce que ce que nous venons de vivre change une société ? C'était ça, ma crainte. Au-delà de l'émotion qui m'étreignait, au-delà de ce que j'avais vu, des images de ces catastrophes et de ces tragédies, est-ce que la société française allait faire bloc ? » À force de contempler le spectacle quotidien de leurs errances, de lâchetés en coups bas, nous oublions trop souvent cette part d'humanité chez nos dirigeants, et sous-estimons combien la solitude du pouvoir peut être lourde à porter.

Et parfois, c'est moins du deuil, ou des luttes fratricides et des coups tordus que vient le découragement, mais des citoyens eux-mêmes et de leur indifférence. « Tu te poses des questions quand tu essaies d'expliquer l'intérêt général à des gens qui, manifestement, s'en moquent » avance un ex-candidat aux municipales, militant de longue date dans un parti de gouvernement[1]. « J'ai été marqué, pendant la campagne des municipales, par une rencontre. Il était environ 15 heures, et je faisais du porte-à-porte lorsque je tombe sur un jeune couple et leur enfant, jouant autour d'une balançoire. Je les salue, et commence à leur expliquer que je suis candidat aux élections à venir. Là, ils m'interrompent sèchement : “Ah ! On vous arrête tout de suite ! Nous, à partir du moment où le RER arrive à l'heure, et que nous avons une place en crèche, le reste, on s'en fout !” J'ai passé mon chemin, amer, avec le sentiment que de plus en plus de nos concitoyens perdent de vue l'intérêt général. Difficile de se dire que, quoi que l'on fasse, quels que soient les efforts déployés, nous sommes désormais à la merci de leurs sautes d'humeur sur les réseaux sociaux. »

Bien sûr, complète une vieille routière de la politique, élue et réélue à maintes reprises depuis quelques décennies, la numérisation a transformé les rapports entre les citoyens et les politiques. Mais au fond, « il n'y a pas grand-chose de changé, dans la mesure où les Français attendent la même chose qu'avant, c'est-à-dire moins de

1. Entretien du 15 septembre 2021.

paroles et plus d'actes. Les attentes quotidiennes n'ont pas véritablement changé en quarante ans. Ce sont des attentes que l'on pourrait qualifier de consuméristes, sans vouloir être péjoratif, des attentes de la vie quotidienne – même si la préoccupation environnementale est venue s'y ajouter plus récemment[1] ».

1. Entretien du 29 septembre 2021.

Troisième partie

Comment en sommes-nous arrivés là ?

Le monde politique est, et a toujours été, un univers difficile. N'importe lequel de ces commentateurs sexa ou septuagénaires qui encombrent les plateaux des chaînes d'info en continu vous l'assènera avec morgue – comme une manière de dire : « Circulez, il n'y a rien à voir », et de défendre un statu quo qu'il a appris à transformer en rente de situation.

Nous pourrions nous dire que c'est ainsi, que nous n'y pouvons rien. Que la politique est condamnée à générer des monstres, des imbus de leur personne, des avides de pouvoir, des égotiques et des déséquilibrés. Et qu'au fond, il nous faut nous résigner à vivre sans, ou même malgré, ces élites qui ne nous comprennent plus, et que nous ne comprenons pas davantage.

La résignation et la déresponsabilisation ne sont cependant, à mes yeux, pas une option. Les défis globaux auxquels notre pays est confronté sont trop grands – transition écologique, explosion des inégalités, terrorisme… – pour que nous ne cherchions pas à nous doter de leaders à la hauteur.

Il nous faut donc nous demander comment nous en sommes arrivés là, comment l'air politique est devenu nauséabond, voire irrespirable. Comment certains des meilleurs se découragent et comment des incompétents, des carriéristes et des corrompus peuvent tenir le haut du pavé. Et si nous regardons bien en face les causes de la dégradation de la vie politique de notre pays, il nous faudra alors avoir le courage de nous rendre à l'évidence : nous, citoyens, y avons notre part de responsabilité. Parfois lointaine, mais parfois aussi écrasante. En ce sens, oui, nous avons les politiques qu'on mérite…

Transparence et moralisation : sommes-nous allés trop loin ?

« Transparence ». Ce mot a fait une entrée fracassante dans nos débats politiques il y a une dizaine d'années. Il a été brandi, comme un bouclier, par le président Hollande et son gouvernement en 2013, quand le scandale Cahuzac – ce ministre délégué au Budget accusé, puis condamné, pour fraude fiscale et blanchiment de fraude fiscale – leur a éclaté à la figure.

Les « lois relatives à la transparence de la vie publique » sont une loi organique et une loi ordinaire adoptées en 2013, et ayant pour objet de mettre une bonne fois pour toutes un terme aux conflits d'intérêts et aux fraudes qui minent la confiance. Ces lois accouchent notamment d'une « Haute Autorité pour la transparence de la vie publique », la HATVP. Doivent lui être adressées les « déclarations d'intérêts » des responsables publics – candidats à l'élection présidentielle, parlementaires, membres des cabinets ministériels et hauts fonctionnaires notamment –, dont certaines peuvent être rendues publiques.

Même si une partie de l'opposition dénonce alors un numéro de voyeurisme et d'hypocrisie, les nouvelles règles s'imposent rapidement à tous. Dénoncer ces mesures, au nom du droit à la vie privée, c'est donner à l'opinion le sentiment que l'on a quelque chose à cacher ou à se reprocher. Difficile à assumer, dans un climat politique déjà délétère, de plus en plus dégradé par les polémiques successives – l'on se souvient par exemple de « l'affaire Thévenoud », du nom de ce député puis secrétaire d'État qui avait accumulé les retards de paiement de ses impôts, ou bien, plus près de nous, des quatorze « oublis » de l'ex-haut-commissaire aux retraites de Macron, Jean-Paul Delevoye, dans sa déclaration d'intérêts.

Depuis 2013, la « loi pour la transparence » a été renforcée et complétée : d'abord en décembre 2016, par la « loi relative à la transparence, à la lutte contre la corruption et à la modernisation de la vie publique », puis en septembre 2017, par les « lois pour la confiance dans la vie politique ». De fait, la transparence en matière financière et de conflits d'intérêts a progressé de manière spectaculaire depuis dix ans, même si certaines zones d'ombre subsistent çà et là.

La multiplication des contrôles s'est accompagnée d'une inflation des sanctions. Avec pour effet paradoxal de donner à l'opinion publique l'impression qu'il y a, en politique, de plus en plus de tricheurs, alors même qu'elle aurait dû se réjouir que l'on mette enfin un terme à l'impunité que permettaient les zones restées grises jusque-là.

D'une poignée de canards boiteux, nous avons tendance à faire des généralités, à jeter tous les élus dans le même sac que les quelques responsables pris la main dans le pot de confiture. Par conséquent, loin de « restaurer la confiance dans la vie publique », l'ensemble de règles mises en place depuis dix ans n'a fait que conforter les préjugés de ceux qui, très majoritaires (62 % selon Ipsos[1]), ne voient en les politiques que des corrompus.

Nous prenons presque un plaisir mesquin à punir ces élus que nous sommes nombreux à juger inutiles, voire nuisibles. Si bien qu'il serait sain de s'interroger sur la direction dans laquelle la dynamique moralisatrice nous conduit collectivement. Cet aveuglement, cette volonté de punir nos élites qui nous conduit à leur nier tout droit à la vie privée, au prétexte de vérifier qu'elles ne s'enrichissent pas à nos frais, est un angle mort du débat public.

Jusqu'où voulons-nous aller ? Jusqu'à demander la démission d'un ministre qui se serait payé une barre chocolatée avec la Carte bleue du ministère, comme certains pays nordiques peuvent le faire ? Est-ce que contrôler les moindres dépenses, demander aux députés de répondre de leurs frais à l'euro près, du moindre café ou sandwich acheté entre deux séances à l'Assemblée nationale, améliore vraiment la qualité de nos élus et du débat public ? Accepterions-nous de voir nos voisins, nos collègues, nous demander des comptes sur nos lieux de vacances, ce que nous mettons dans notre Caddie ou la marque

1. Enquête « Fractures françaises », Ipsos, septembre 2021.

de notre voiture personnelle ? C'est pourtant le régime auquel l'opinion publique, à l'aide des réseaux sociaux, soumet nos élus. Nous ne leur passons plus rien, y compris dans ce qui relève de la sphère intime.

Évidemment, les élus sont plutôt mal à l'aise avec ces questions. Conscients des handicaps que la transparence poussée à l'extrême engendre dans leur vie quotidienne, ils ne veulent pas donner le sentiment ni de se plaindre, ni d'avoir quoi que ce soit de louche à cacher.

Interrogé sur cette transparence qui a fait irruption dans la vie de tous les élus, Benjamin Djiane, élu du 3e arrondissement parisien entre 2014 et 2020 et plume de Manuel Valls de 2012 à 2017, résume le malaise qui est celui de nombreux élus : « Quand tu veux représenter les Français, il te faut montrer ce que tu as – ton patrimoine –, avant de pouvoir exposer ce que tu es, et ce que tu penses. À force d'exigences toujours plus grandes, il est vrai que les choses sont devenues difficiles à gérer. On peut très bien être de bonne foi, et mal déclarer certains biens hérités d'un grand-oncle ou d'un parent lointain[1]... » À l'en croire, cette peur-là est réelle, la peur de mal faire et d'être immédiatement sanctionné par le tribunal de l'opinion, sans pouvoir expliquer ni prouver sa bonne foi. Mais au-delà de ce risque-là, il évoque le jugement qui est porté sur ce patrimoine mis à nu : « Les gens de droite estimeront que, si tu n'as rien, c'est le signe d'une forme d'incompétence, d'incapacité à gérer

1. Entretien du 20 septembre 2021.

les sujets économiques et budgétaires. Et les gens de gauche verront dans un patrimoine trop conséquent une incapacité à comprendre, donc à représenter, les plus modestes d'entre nous. Au fond, dévoiler son patrimoine ne permet pas tant que ça d'assainir le débat, ni de rétablir véritablement la confiance. »

Une vieille routière de la politique assène : « Nous avons de plus en plus tendance à faire la course à la morale. C'est une immense bêtise, car la morale, c'est comme l'objectivité, ça se conjugue à deux. Et comme, parallèlement, les Français sont très libertaires, plus on moralise, plus ils crient à l'assassinat de la liberté. C'est paradoxal, la France est presque devenue bipolaire, car cette soif de transparence et de morale est bien l'expression d'une demande de l'opinion... Elle veut la moralisation, mais la liberté aussi. Il faut dire que, après Mitterrand, la gauche porte une responsabilité particulière, car elle n'a pas été la dernière à faire la morale à tout le monde[1]... »

Alors, la transparence est-elle allée trop loin ? Yannick Jadot, alors candidat d'Europe Écologie-Les Verts, pèse le pour et le contre : « Je ne cherche pas à me protéger des gens : je vais au Franprix d'à côté faire mes courses, je prends le métro... » Il affirme « rester dans la vie normale ». Mais évidemment, et surtout depuis la primaire, les gens le reconnaissent dans la rue. À ce stade, il affirme

1. Entretien du 1er octobre 2021.

que cela n'a jamais été trop intrusif: les gens viennent le voir mais «au fond, ceux qui ne t'aiment pas, ils ne viennent pas pour t'agresser. Ils passent à côté».

Et les réseaux sociaux, cet instrument de surveillance, d'interpellation permanente, voire d'invective? «J'arrive à éviter de trop regarder les insultes sur les réseaux sociaux. Je ne regarde pas les notifications, car la haine, ça te touche toujours un peu. Le plus dur, c'est sans doute pour les proches… Ce côté "c'est ton père?", être montré du doigt, jugé, les professeurs de mes enfants qui peuvent faire des réflexions en pleine classe sur un débat qu'ils auraient vu la veille, ou une proposition que j'aurais faite. C'est très violent pour des enfants d'être sans cesse ramenés à leurs parents, ils n'y sont pour rien…»

Et il revient à la transparence, sans doute pour se garder des mauvais procès que l'on intente systématiquement aux élus lorsqu'ils osent dénoncer les travers de la dictature de la transparence: bien sûr, «la transparence a manqué pendant longtemps». Il souligne qu'il y a eu bien trop de scandales financiers, ce qui a participé d'une défiance généralisée. Tous les élus ont été mis dans le même sac que les brebis galeuses. Le «tous pourris» est désormais la règle qui s'applique à tous. Et au fond, la défiance liée à la corruption a engendré une exigence de transparence qu'il juge tout à fait saine. La question majeure, à ses yeux, est la suivante: comment utilise-t-on l'argent public?

Mais, estime-t-il, une partie de cette demande de transparence relève d'une forme de volonté de revanche, de punition de politiques jugés impuissants. « Les gens se disent : “Vous êtes là uniquement pour en profiter ? Donc je vais vous faire ch... sur tout.” Cela n’est pas sain, d’autant plus que nous parlons d’un milieu où l’investissement personnel n’est pas outrageusement rémunéré par rapport aux salaires pratiqués dans le privé ou la fonction publique. » Il cite, à l’appui de ses propos, son expérience de parlementaire européen : à Bruxelles, de nombreux fonctionnaires sont mieux rémunérés que lui, bien qu’ayant moins de responsabilités et un emploi plus sûr.

Enfin, il relève un autre aspect de la demande de transparence, qui peut parfois dépasser les bornes : l’impératif aux politiques d’être exemplaires et irréprochables à tout moment. « Si tu rentres tard d’une émission de TV et que tu t’accordes un taxi, on te reprochera d’avoir trahi tes convictions écologiques. On te demande d’être parfait, que chaque geste de ta vie corresponde totalement à ce que tu prétends incarner. Donc il ne faudrait jamais prendre l’avion – même si je n’ai jamais prétendu qu’il ne fallait pas du tout le prendre –, ni jamais manger un steak, ou une tomate en hiver. Les politiques sont en permanence livrés à un tribunal populaire, alors qu’au fond, nous sommes aussi simplement humains, avec des défauts, des moments d’abattement ou de fatigue... »

La transparence ne rassure pas forcément quant à la probité des élus. Elle n’empêche pas non plus la caricature, les images déformées, véhiculées dans les médias ou massivement relayées sur les réseaux sociaux. Comment vit-on avec une image publique dont on sait – ou du moins, dont on pense – qu'elle ne correspond fondamentalement pas avec ce que l'on est ? C'est une question que je me suis souvent posée, lorsque j'ai entendu les invectives et les insultes visant, par exemple, Manuel Valls à la fin du quinquennat Hollande, ou Myriam El Khomri, ou encore des personnalités comme Anne Hidalgo, très critiquée sur les réseaux pendant la campagne des municipales de 2020, puis avec l'offensive visant à dénoncer un prétendu « saccage » de Paris.

L'intéressée, interrogée trois semaines après sa déclaration de candidature présidentielle à Rouen, et à quelques jours de son investiture par le Parti socialiste, alors que sa campagne semble patiner – si l'on en croit des sondages la donnant entre 5,5 et 8 % –, répond avec un sourire : « Les mêmes procès sont faits à tous les sociaux-démocrates, plus encore aux femmes. Mais à la fin, ce que l'on est réellement finit par se voir, c'est comme cela que j'ai été réélue. »

Jurisprudence Anne Sinclair

La nouvelle fuite un dimanche de novembre, après quelques jours de rumeurs : Thomas Sotto, présentateur de la matinale de France 2 *Télématin* et d'*Élysée 2022*, la grande émission politique de première partie de soirée de la chaîne publique, a été contraint à se mettre en retrait de toute interview politique, en raison de sa liaison avec une très proche conseillère de Jean Castex.

Le journaliste déclare dans les colonnes du journal *Le Parisien* : « C'est une décision difficile, et d'une certaine manière, assez injuste. Mais je me dois de tenir compte de notre époque, devenue très violente et qui a tendance à tout hystériser. La suspicion est généralisée. Beaucoup de gens s'érigent en procureurs. Par principe, avant même d'avoir ouvert la bouche, j'aurais été considéré comme coupable, même en étant irréprochable professionnellement. Je ne veux pas prêter le flanc à la moindre ambiguïté et prendre le risque de fragiliser le travail et la perception de la rédaction de France 2 à laquelle je suis viscéralement attaché[1]. »

Journaliste reconnu, Thomas Sotto, passé par BFM-TV, *Capital* sur M6, la matinale d'Europe 1, puis *Télématin* sur France 2, est également le *joker* du *20 Heures* de la même chaîne depuis 2017. Un CV musclé qui, apparemment, n'a pas pesé dans la décision : aimer quelqu'un signifierait donc forcément abdiquer sa liberté de penser et son indépendance…

Bien d'autres cas l'ont précédé, des femmes pour la plupart, d'ailleurs : Béatrice Schönberg, présentatrice du JT de France 2 et épouse de Jean-Louis Borloo, contrainte de se mettre en retrait pendant la campagne présidentielle de 2007, puis à abandonner son poste lorsque son mari a été nommé ministre. Léa Salamé, mise en retrait des émissions politiques pendant la campagne des européennes de 2019, son compagnon, Raphaël Glucksmann, conduisant une liste de gauche. Isabelle Saporta, contrainte à démissionner de RTL au prétexte de sa relation avec l'écologiste Yannick Jadot. Rare exemple masculin, le journaliste sportif Franck Ballanger a dû changer de service à Radio France quand son épouse Roxana Maracineanu a été nommée ministre des Sports. Plus près de nous, Anna Cabana, éditorialiste politique au *JDD* et à BFM-TV notamment, a été mise en retrait de

1. Benoît Daragon, « Thomas Sotto renonce à présenter *Élysée 2022 :* “C'est une décision difficile et, d'une certaine manière, assez injuste” », *Le Parisien*, 7 novembre 2021.

toute fonction liée à la politique à la suite de la révélation de sa liaison avec le ministre de l'Éducation nationale Jean-Michel Blanquer.

Mais il y a surtout eu le précédent illustre, celui par lequel tout a commencé : lorsque Anne Sinclair annonce le 5 juin 1997, au lendemain de la nomination de Dominique Strauss-Kahn à la tête de Bercy, qu'elle se retire de l'émission politique culte du dimanche soir, *7 sur 7*. La défiance vis-à-vis des médias et des politiques n'atteignait alors pas les sommets qu'elle connaît aujourd'hui. Mais déjà, l'intéressée souhaitait éviter le soupçon : le public aurait sans cesse décrypté ses interviews à l'aune d'un soutien aussi inconditionnel que non assumé à son mari, et au gouvernement auquel il appartenait. « Le sujet central est le conflit d'intérêts. J'aurais procédé de la même manière si ç'avait été mon fils, et non mon mari, qui avait eu une carrière politique. Je voulais surtout garder ma liberté. Je ne me serais pas sentie libre de répliquer comme je le voulais à un opposant politique à mon mari, par exemple[1] », explique-t-elle aujourd'hui.

Parce que le sacrifice est noble, et parce que la détestation des politiques et des médias n'a cessé de grandir depuis trente ans, la décision d'Anne Sinclair s'est transformée en jurisprudence. Peut-être n'a-t-elle pas mesuré alors que, des décennies plus tard, son geste ferait encore référence. Avec les meilleures intentions du monde, elle a en quelque sorte initié un cercle vicieux qui, loin de

1. Entretien du 14 novembre 2021.

susciter un regain de confiance, continue paradoxalement à nourrir la défiance en légitimant le soupçon.

En a-t-elle conscience, *a posteriori* ? Anne Sinclair souligne aujourd'hui que « ce qui fait cruellement défaut dans la société actuelle, c'est la nuance et la modération. Là où nous devrions juger au cas par cas, nous avons érigé quelques cas en loi générale ». Le vrai courage ne serait-il pas de distinguer les situations, plutôt que de suivre aveuglément la tendance du moment ?

Regrette-t-elle alors sa décision ? Elle note en tout cas que « le débat a eu lieu et les femmes ont prouvé leur autonomie. Mais à l'époque, je ne voulais pas que quiconque ait un argument pour critiquer ma liberté de ton ».

Terrorisés par le « tous pourris » et les accusations de connivence, ceux qui occupent des fonctions politiques ou médiatiques en vue n'osent plus questionner les idées reçues que ce retrait validait implicitement : l'idée que lorsqu'on aime, on abandonne nécessairement toute forme de libre arbitre. Que le mariage vaudrait soutien politique. Mesure-t-on la violence de ces insultes à l'intelligence et à l'honnêteté ?

Il ne s'agit évidemment pas ici de nier l'existence de conflits d'intérêts. Ils sont par essence nuisibles, et doivent être combattus. Mais, dans notre volonté de traquer la connivence jusqu'où elle ne se niche pas, ne sommes-nous pas en train de céder sur des principes essentiels ?

Plus personne n'ose s'interroger sur ce que cette jurisprudence dit de nous, de notre rapport malade au pouvoir, et de nos contradictions. Nous souhaitons l'égalité femmes-hommes, mais trouvons normal que les « femmes de » politiques sacrifient leur carrière professionnelle, et donc leur indépendance financière et jusqu'à la possibilité d'une existence sociale autonome. La règle s'appliquerait désormais à « mari » ou « compagnon de », seul réconfort dans cette affaire Sotto, l'égalité progresse aussi dans ce sens-là...

Comble du ridicule, à force de croire déceler la connivence partout, nous encourageons les uns et les autres à vivre dans la clandestinité. Combien de relations – amoureuses ou moins sérieuses – ignorons-nous ? Des dizaines, sans doute, pour une que nous sanctionnons durement lorsqu'elle est assumée au grand jour. Ne serait-il pas plus sain d'inciter les uns et les autres à assumer leurs relations, sans préjuger de leur indépendance, et de lire leurs faits et gestes en connaissance de cause ? Sans naïveté, mais sans préjugé non plus. Anne Sinclair persiste et rebondit sur mes arguments : « Je continue de penser que ceux qui commentent doivent se tenir à l'écart, éviter toute forme de proximité avec ceux qui gouvernent. Au risque, comme tu le dis, d'hypocrisie : que la maîtresse et l'amant non officiels des puissants continuent leur métier, et commentent les faits et gestes de leur compagne ou compagnon. »

Au fond, pourquoi punir les « femmes de », ou « compagnons de », ou fils et filles de responsables politiques ? S'il est un rôle plus difficile encore à assumer que celui d'élu, c'est peut-être bien celui-là. Depuis la compagne du maire d'un petit village, jusqu'à l'époux de la députée, tous et toutes disent la part de sacrifice personnel qu'implique le choix de carrière de leur conjoint. Les premières dames qui se sont succédé à l'Élysée, sans statut ni autre droit que celui de se taire, en ont toutes souffert. En silence, la plupart du temps, renonçant à leur emploi comme à leur indépendance et à leur intimité – à l'exception notable de Danielle Mitterrand, qui avait su garder une forme d'autonomie dans ses combats politiques. Leurs moindres gestes scrutés, disséqués, critiqués. Leurs styles vestimentaires comme leurs lieux de vacances, leurs propos jusqu'aux plus intimes ou anodins, peuvent susciter polémiques et scandales.

Pire encore, dire publiquement que ce statut n'a rien d'enviable est interdit, à moins de paraître ingrate. Brigitte Macron aurait ainsi, selon l'écrivaine Gaël Tchakaloff, beaucoup souffert pendant la campagne présidentielle de 2017. « Les moqueries autour de son âge, les rumeurs d'homosexualité de son mari. On remettait en cause leur amour[1]. » Mais pas question pour l'intéressée de le dire. Il faut souffrir en silence, l'opinion ne pardonne aucune faiblesse, immédiatement interprétée comme signe que vous êtes atteinte du syndrome Marie-Antoinette.

Et lorsqu'elle ose déclarer au journal *Le Monde*[2] avoir rénové certaines pièces de l'Élysée, car « tout était

1. *Tant qu'on est tous les deux*, Flammarion, 2021.
2. *M, le magazine du Monde*, enquête de Solenn de Royer et Olivier Faye, « Le coach de l'Élysée », 12 novembre 2021.

Empire, on voulait faire entrer la modernité. Il y avait des problèmes d'infiltration et les tapisseries sentaient le tabac», elle suscite immédiatement la polémique sur les réseaux sociaux, où l'on brandit le coût de la rénovation (1 million par pièce, au rythme d'une par an, selon *Le Monde*) comme une preuve irréfutable de la déconnexion du pouvoir. Si nous souhaitions que nos dirigeants vivent dans des taudis, nous ne nous y prendrions pas autrement...

De ce statut, Anne Sinclair a toujours affirmé n'avoir jamais voulu. Ni d'ailleurs d'un poste de ministre, qui lui a pourtant été offert au moins une fois, par François Hollande. Un exemple de plus de ces immenses talents – elle reste très appréciée pour son intégrité et son professionnalisme – que nous avons collectivement réussi à détourner de tout engagement politique, alors que notre pays a tant besoin de femmes comme elle...

Le numérique a transformé notre rapport aux politiques

Le numérique a bouleversé notre rapport au temps, à l'espace, à la consommation. Nous avons pris l'habitude d'accéder instantanément à notre compte en banque via une appli, de pouvoir commander à dîner sur Uber Eats ou Deliveroo, nous suivons les moindres faits et gestes de nos amis grâce à Facebook ou à des boucles WhatsApp, et nos enfants géolocalisent leurs copains en permanence via Snapchat tout en se gavant de vidéos sur TikTok. Nous sommes livrés en deux heures par Amazon et faisons nos courses par les différents services de drive.

Il n'y a donc aucune raison que le numérique n'ait pas aussi transformé notre rapport à la politique et à nos représentants. Il contribue allègrement à l'hystérisation du débat public, car les chaînes d'info et les médias traditionnels subissent directement leur concurrence. Partiellement dessaisis de la maîtrise de l'agenda, et par peur d'être décalés, ringardisés ou déconnectés, les médias gardent constamment un œil rivé sur la moindre polémique virtuelle, quitte à amplifier les bulles et à créer des effets de loupe médiatiques. Tel ou tel candidat à la présidentielle occupe soudain toute la place, envahit les écrans. Telle campagne orchestrée par une poignée de militants devient un fait politique majeur, interprété comme le signe que « l'opinion » déteste la maire de Paris ou le président de la République. Celui ou celle qui choisit de ne pas jouer de la petite phrase, de ne pas provoquer polémique sur polémique, mais cherche à rationaliser et à apaiser le débat, passe sous les radars médiatiques. C'est le cas de candidats comme Yannick Jadot, longtemps ignoré car « n'imprimant pas », refusant de jouer cyniquement du tam-tam numérique. À peine désigné par la primaire écologiste, je lui soumets le dilemme qui, à mon sens, se pose plus encore aux candidats de gauche qu'à ceux de droite, car faisant campagne sur l'apaisement et la réconciliation nationale : comment exister, parler d'apaisement, de compromis et de raison, quand le fonctionnement même des médias et des réseaux ne donne écho qu'à ceux qui divisent, polémiquent et invectivent ? Comment parvenir à faire passer son message d'apaisement, lorsque les « tuyaux » ne se font le porte-voix que de ceux qui vocifèrent et érigent en permanence des boucs émissaires ?

« Il est certain que vous devez payer votre dû à la bête médiatique, sinon elle vous zappe… En plus, quand vous ne gouvernez pas, la moitié de vos interviews relèvent simplement du commentaire, car vous ne tenez pas les manettes. »

Le candidat écologiste souligne néanmoins qu'il fait attention à la qualité des débats auxquels il participe. À l'en croire, il y aurait heureusement un certain nombre de préoccupations de l'opinion – par exemple l'écologie, la justice – qui sont souvent déconnectées de celles qu'agite en permanence la bulle médiatique. « Ce n'est pas parce que les gens regardent des débats hystérisés en masse – comme celui, à l'automne dernier, qui avait opposé Mélenchon à Zemmour et réuni près de 4 millions de téléspectateurs – que c'est ce qu'ils attendent de la politique. » Au fond, Yannick Jadot estime que même les citoyens en colère attendent avant tout des politiques des réponses, et non pas qu'ils « gueulent plus fort qu'eux », comme un simple miroir de leur détresse et de leurs aspirations. À ses yeux, même dans les conflits sociaux les plus durs, « leurs attentes s'expriment de manière simple : "Apporte-moi une réponse, une solution !", demandent-ils. Ils sont bien conscients que la colère peut renverser la table, mais que renverser la table n'est pas forcément pouvoir y manger... ».

Même la colère qui s'exprime peut être transformée en énergie positive. L'organisation du débat médiatique complique évidemment la tâche pour ceux qui, comme Jadot, aspirent à éviter la mécanique par laquelle le clash génère du bruit médiatique, et donc des recettes et de la notoriété. Mais, souligne-t-il, la part de marché des réseaux sociaux et des chaînes d'info reste minime, leur audience n'étant pas encore équivalente à celle du JT de TF1 ou de France 2. Il est dès lors possible, en étant en permanence sur le terrain, de s'extraire de la bulle médiatique et de son prisme déformant. « Quand vous faites des interviews dans la presse quotidienne régionale, un JT de France 3 ou France Bleu, le ton est beaucoup plus modéré. »

« Il faut garder en tête, souligne-t-il, le fait que les gens ne croient pas au Grand Soir, ne veulent pas la révolution, ils veulent simplement de vraies réponses. Donc dans cette campagne présidentielle, nous devons être aussi sur des choses très concrètes, sur des choses comme le pouvoir d'achat, le prix de l'énergie, expliquer comment concrètement nous allons aider les gens, pour que demain soit un peu meilleur qu'aujourd'hui ».

Puis il ajoute, comme pour répondre à celle dont il vient alors de triompher dans la primaire, Sandrine Rousseau, qui revendique une forme de radicalité : « Tout le monde a l'impression d'être radical en clivant, en divisant, en portant des colères, mais la vraie radicalité c'est de vouloir faire société encore. "Il va nous faire un truc mou, du compromis donc de la compromission", mais c'est vachement plus facile le chacun dans son coin et détester les autres, plutôt que de vouloir encore faire ensemble. »

Voilà pour la théorie. Car en pratique, voilà des années que les personnages publics et les thèmes qui monopolisent le débat sont surtout des thèmes clivants, effrayants, des colères et des rancœurs. L'essor d'un Éric Zemmour, qui a pris une dizaine de points dans les intentions de vote en trois semaines à partir de la publication de son essai à la mi-septembre 2021, l'atteste.

Outre l'hystérisation et la dégradation de la qualité des débats, le numérique a transformé notre rapport aux élus et aux services publics eux-mêmes. Isabelle Balkany raconte le virage numérique à Levallois : « J'ai numérisé, câblé, "wifisé" mes écoles il y a vingt-cinq ans. Je sentais alors la numérisation arriver. J'ai d'abord constaté que cela produisait, dans le rapport des citoyens aux services publics, une fracture générationnelle. » Générationnelle, bien plus que sociale, car la maîtrise des outils numériques s'est démocratisée, mais s'est avérée plus difficile pour les plus anciens. Évidemment, Isabelle Balkany relève que de nombreux élus ont été à la traîne sur le virage numérique, mais ceux qui ont fait figure – comme elle – de pionniers ont été confrontés à la nécessité de traiter en même temps les nouveaux utilisateurs du numérique et les citoyens plus âgés, à qui les élus ne pouvaient pas simplement dire : « Envoyez-moi un e-mail. »

Rapidement, Isabelle Balkany affirme avoir imposé à l'administration comme à ses élus de répondre aux e-mails très vite : dans les deux heures, chaque message reçu devait avoir trouvé une réponse. Et de conclure : « La difficulté, lorsque de nouveaux outils apparaissent, est que les élus peuvent passer à côté, ne pas les utiliser, ou bien alors se laisser enfermer par ces outils. »

De fait, les citoyens avaient un rapport consumériste à la politique avant même l'ère numérique. Comme me le disait un élu local : « Quand ils mettent un bulletin dans l'urne, ils considèrent que vous – élu – leur devez quelque chose, que vous devez être soumis à leurs desiderata. » En facilitant l'accès par l'abolition des intermédiaires, en contraignant les élus et les administrations à la réactivité, à l'instantanéité des échanges, le numérique a accentué le consumérisme politique. Parfois jusqu'à l'extrême, et l'absurde. Une autre élue témoigne : « Quand je reçois un mail à 2 heures du matin, je réponds à 2 h 15[1]. »

Les rapports de force ont été chamboulés, les hiérarchies renversées, parfois au profit des citoyens, parfois moins. Mais indubitablement, l'impact du numérique sur les représentants du peuple a été un accroissement de la pression et de l'exigence : si l'on voulait être un brin caricatural, le concurrent du maire n'est pas l'élu de la ville voisine, mais Amazon, la Fnac ou tout autre fournisseur de biens et services exploitant les outils numériques. L'élu est jugé comme un prestataire de services, et l'on a tendance à transposer nos attentes de consommation dans la sphère politique : il faudrait donc pouvoir le révoquer aussi vite que l'on peut changer de forfait téléphonique ou d'assureur…

Le problème, avec cette tendance à considérer l'élu comme un vulgaire prestataire de services, est d'une part le niveau d'exigence parfois délirant qui est porté sur lui – de sorte que la déception, et par conséquent l'accroissement de la défiance, sont presque inéluctables –, et d'autre part l'incompréhension des temporalités. L'action publique s'inscrit souvent dans le moyen et

1. Entretien du 1er octobre 2021.

long terme : on ne crée pas d'emplois de profs ou de policiers, on ne construit pas de ponts ou de routes dans la temporalité des réseaux sociaux. Là encore, la déception est assurée, tant l'écart entre la culture de la vitesse et le temps long de l'action publique est grand. Dans chacun des deux cas, le problème relève moins des élus que de nous, citoyens. C'est à nous d'être compréhensifs, de comprendre les décalages de temporalités, et de résister à la tentation de considérer l'élu comme un vulgaire vendeur de tapis 2.0.

Le numérique a également transformé la manière dont les élus font de la politique, et notamment leurs discours. Soumis à l'imprescriptibilité de leurs moindres paroles, posts ou tweets, ceux qui s'espèrent une longue carrière – ou veulent simplement éviter les insultes – ont tendance à maîtriser chaque mot, jusqu'à l'absurde, c'est-à-dire jusqu'à l'indifférenciation et l'aseptisation totale de leur discours. Isabelle Balkany en témoigne : « Nous parlons beaucoup de liberté d'expression, et il est vrai que tous les citoyens s'exprimant sous pseudo sont tellement libres et décomplexés qu'ils en deviennent volontiers insultants et violents. Mais pour ceux qui ne peuvent pas se cacher derrière un pseudo, voire qui dépendent, pour leur avenir, de leur popularité et de la confiance que leur accordent leurs concitoyens, pour ceux-là les réseaux ont plutôt restreint la liberté. Le principe de précaution est devenu la règle. La peur de se faire attaquer, insulter, mais aussi d'être pris en flagrant délit de changement d'opinion par rapport à ce qu'ils ont dit il y a un, cinq ou dix ans, règne. Tout est calibré au mot près, quitte à être aseptisé, sans saveur.

« Avant, la parole s'envolait, comme disaient nos grands-parents. Maintenant ce n'est plus le cas, rien ne disparaît, rien ne s'envole. Cela change profondément les mentalités et les pratiques politiques. La pensée politique – du moins, celle des partis dits "de gouvernement" – est enfermée dans un carcan, les élus sont prisonniers, pétrifiés, tétanisés[1]. »

Là encore, nous avons collectivement une part de responsabilité. Nous souhaiterions des paroles libres, des débats enflammés mais respectueux, des élus qui « disent la vérité ». Mais nous n'avons pas la moindre bienveillance vis-à-vis de ceux qui se trompent en toute bonne foi, dérapent, ou pire, changent d'avis sur tel ou tel sujet. Nous exigeons une parole libre et authentique, mais ne supportons pas la part d'imprécision, d'emportement et de zigzags que cette parole engendre nécessairement. Finalement, nous ne recueillons que des paroles que nous savons calibrées, soupesées, et sans doute assez peu authentiques et sincères. Et nous le savons. Mais nous n'avons là que ce que nous méritons… Si nous souhaitons des paroles libres, il nous faut en accepter les corollaires.

Car enfin, nous devrions garder à l'esprit que la politique, ce sont avant tout des rapports humains. À force de déshumanisation, nous finissons – nous, citoyens – par

1. Entretien du 1er octobre 2021.

nous rendre presque indignes de sacrifices consentis par nos représentants, en raison de nos comportements. Cette anecdote, relatée par mon ex-collègue de Matignon Benjamin Djiane me paraît sidérante – mais, hélas, tellement représentative de ce malentendu qui s'est installé entre nos élus et nous : « Quel bonheur de célébrer des mariages ! C'est un des aspects de mon mandat que j'ai préféré. J'y ai mis beaucoup d'enthousiasme, cherchant toujours à personnaliser cette cérémonie, qui peut parfois être plate et expéditive. La célébration des mariages, c'est forcément du temps que vous prenez sur votre week-end, sur votre vie de famille aussi. À l'époque, ma fille était un petit bébé. » La mère de la petite travaillant le week-end, sa garde revenait souvent à Benjamin Djiane.

Plusieurs samedis, le voilà donc parti célébrer des mariages avec sa fille, sagement assise dans sa poussette, qu'il rangeait dans l'antichambre de la salle des mariages. « Les doudous, les totottes étaient mes meilleurs alliés. Parfois un petit pleur surgissait. Mais tant que ma fille entendait ma voix de l'autre côté de la porte tout allait bien. Alors je m'efforçais de parler fort et de ne jamais me taire trop longtemps. » La plupart du temps, la présence de l'enfant créait une forme de connivence avec les jeunes mariés. Parfois, au moment de l'énoncé des articles du Code civil, l'élu en jouait, en soulignant d'un air complice : « Voilà ce qui vous attend. » Un jour, la mère d'un des mariés lui a même proposé de s'occuper de l'enfant, pour qu'il puisse officier l'esprit tranquille. Les huissiers de la mairie ont eux aussi participé, en poussant l'enfant dans les couloirs pour qu'elle s'endorme. La plupart du temps, tout allait bien. Sauf à deux reprises : « Deux jeunes couples ont montré une forme d'agacement. L'enfant pleurait. La qualité de service que l'on pouvait attendre n'était donc pas au rendez-vous. Que pouvais-je répondre ? Rien. Seulement m'excuser… »

Cette expérience, comme mille autres semblables, doit nous interroger : qui sont les monstres ? Certains politiques, sans aucun doute. Mais sont-ils seuls fautifs ? Ne sommes-nous pas parfois, par nos réactions, nos comportements et nos emportements, nous aussi un peu monstrueux ?

La crise d'efficacité ou comment nous organisons l'impuissance politique

Les causes de l'affaiblissement et du délitement du monde politique sont nombreuses. Elles se cumulent, se télescopent, s'enchevêtrent, sans qu'il soit toujours possible de déterminer les responsabilités.

Où est la poule et où est l'œuf, dans l'engrenage délétère de la transparence dénoncé plus haut ?

Qui est la poule et qui est l'œuf, dans la spirale de violence, de rejet et de dégoût qui entraîne les élus toujours plus bas ? L'on peut dénoncer la violence des citoyens, des anonymes qui déversent leur haine et leur dégoût chaque jour sur les réseaux. Myriam El Khomri a reçu des dizaines de milliers de tweets racistes, sexistes. « Aujourd'hui encore, si vous tapez mon nom avec le mot-clef "salope" sur Twitter, vous trouvez de très nombreuses occurrences... » glisse-t-elle, résignée. Isabelle Balkany préfère en rire : « Oui bien sûr, au début cela choque. Mais on finit par s'habituer... il y a le pire, mais aussi le meilleur sur Twitter. Les gens font preuve d'humour, d'inventivité. Les élus manquent de toute façon d'humilité aujourd'hui, ils n'ont aucune autodérision. Lorsque je me prends en photo avec mon bracelet électronique et que je poste cela sur Facebook ou Twitter, les gens ne comprennent pas… C'est pourtant sain, de prendre un peu de distance avec soi-même et ce cirque médiatique. »

Les responsables politiques ne sont pas uniquement victimes de la violence qui se déverse sur eux au quotidien. Certains jouent un jeu dangereux, et encouragent cette violence de manière insidieuse. Lorsqu'un Jean-Luc Mélenchon, au moment de la réforme des retraites d'Emmanuel Macron en 2020, invite les foules à « déferler » dans la rue, ou bien lorsque quelques mois plus tôt, il adopte une attitude agressive vis-à-vis des policiers perquisitionnant ses bureaux, il participe de la libération d'une forme de violence rentrée chez certains esprits déséquilibrés. Lorsqu'un responsable politique ou syndical excuse les violences survenant de plus en plus fréquemment en marge des cortèges de manifestants, voire les justifie, il participe à décomplexer le rejet des élites.

Tous les dégagistes qui croient instrumentaliser le rejet de leurs collègues, tirer leur épingle du jeu en condamnant leurs semblables, ne se rendent pas compte qu'ils finiront de toute façon dans le même sac que ceux sur lesquels ils cherchent à faire leur beurre : les dégagistes d'hier seront les dégagés de demain. C'est une règle qu'un Jean-Luc Mélenchon, en perte de vitesse dans les sondages, ou même une Marine Le Pen, à la peine face à l'essor fulgurant d'Éric Zemmour, ont éprouvé à l'automne 2021.

Oui, les élus ont largement leur part de responsabilité dans la dégradation du climat et des conditions d'exercice des responsabilités publiques. Certains facteurs leur sont toutefois extérieurs. Comme le fait, par exemple, que les compétences qu'il faut développer pour survivre dans le monde politique sont trop éloignées – et de plus en plus – de celles qui font de bons gouvernants. Cet écart n'est pas neuf: on a toujours dit que Chirac était meilleur dans la conquête que dans l'exercice du pouvoir. Néanmoins, avec l'accroissement de la personnalisation du débat public, du poids de l'image et des émotions dans un électorat plus volatil qu'auparavant, ceux qui savent maîtriser les codes de la communication à l'ère numérique partent avec une avance substantielle sur leurs concurrents moins habiles sur Twitter, Facebook, ou en interview filmée. Dès lors, l'opinion publique pourra plus aisément qu'il y a vingt ou trente ans porter aux nues un candidat habile, présentant bien, parlant bien, mais n'ayant aucune expérience en matière de gestion des politiques publiques, ni la moindre connaissance des rouages administratifs...

Nos meilleurs conquérants ne sont pas forcément de bons dirigeants. Par ailleurs, nous avons tendance à surestimer l'avantage que peut représenter l'appartenance à la « société civile » dans le pilotage des politiques publiques. Plus proches de nous, de nos préoccupations, nous imaginons que ces novices en politique, parce qu'ils sont plus sincères que les « carriéristes » politiques – du moins, c'est ce que nous croyons, à tort –, auront nécessairement les capacités pour transformer leur expérience de la « vie réelle » en solutions concrètes, et sauront appliquer ces solutions, avec ce que cela induit de rapport de force avec l'administration. Les nombreux ministres « issus de la société civile », qu'ils aient été sarkozystes, hollandistes ou bien macronistes, n'ont cependant pas démontré une capacité renversante à changer la politique, ni à être plus efficaces que leurs homologues « professionnels ». Pour autant, l'illusion reste tenace, et il est de bon ton de présenter des listes « citoyennes » – les dernières municipales et élections régionales l'ont démontré (tout en reconduisant massivement les sortants). Nous adorons plébisciter l'amateurisme, mais n'en tirons aucune conséquence lorsqu'il fait la preuve de son inefficacité : voilà un élément de plus qui contribue à affaiblir le monde politique, et donc à creuser l'écart entre élus et citoyens.

Autre élément qui affaiblit les politiques, et contribue donc à amoindrir leur efficacité en décourageant les plus compétents : l'absence de statut de l'élu. Chaque élu peut être chassé, quelle que soit la qualité de son bilan, au terme de son mandat. C'est d'ailleurs souvent le cas, puisqu'il faut bien garder en tête que la durée moyenne d'une carrière parlementaire n'est que d'un mandat et demi. Nous sommes donc, en moyenne, bien loin des clichés populaires, qui dépeignent l'élu comme ultra-cumulard – cumulant les mandats dans le temps, mais aussi différentes fonctions au même moment. Nous imaginons les élus protégés, très bien rémunérés, pourvus de chauffeurs et de résidences payées par le contribuable. Nous imaginons leurs retraites dorées, des recasages grassement rétribués dans le privé. Ce n'est, en vérité, le cas que d'une infime minorité. Outre les rémunérations, qui sont la plupart du temps raisonnables voire modestes, les avantages dont bénéficient les élus sont relativement peu nombreux, en moyenne.

De plus, beaucoup se voient coupés du marché du travail pendant la durée de leur mandat – par incapacité physique de cumuler les charges, ou en raison des incompatibilités sanctionnées par la loi. Or, comme le souligne l'un d'entre eux : « Le monde professionnel évolue plus vite aujourd'hui, dans une grande entreprise il n'est pas rare de changer de poste tous les trois, quatre ans pour progresser dans sa carrière. Donc si vous mettez votre carrière entre parenthèses cinq ou six ans, soit la durée d'un mandat, vous perdez un temps précieux. Du coup, vous y réfléchissez à deux fois avant de vous engager[1]. » Et ce, d'autant plus que, selon une de mes anciennes collègues à Matignon, reconvertie dans le secteur privé, « nous avons multiplié les incompatibilités pour des raisons de déontologie et de transparence. Mais du coup, vous ne pouvez souvent pas être employé dans votre domaine d'expertise. Cela limite considéra-

1. Entretien du 2 octobre 2021.

blement les capacités de rebond après un passage dans la politique[1] ». La place d'un spécialiste des questions sanitaires ayant effectué un passage par le cabinet du ministre de la Santé n'est-elle pas, par exemple, dans ce même secteur ?

Comme le fait valoir un ex-ministre ayant milité quelques décennies dans un parti politique : « Avoir une vie active normale et participer à la vie politique est devenu de plus en plus rare, car de plus en plus difficile. Trop de contraintes, trop d'incertitudes, trop de temps d'engagement nécessaire. Quelque part, vous ne pouvez même plus vous projeter dans un mandat d'élu, imaginer une carrière, même locale. » Nous assistons par conséquent à un appauvrissement du militantisme, car « si vous ne souhaitez pas de carrière politique, vous ne vous engagez pas non plus comme militant ». La sociologie des partis politiques s'en ressent : on n'y trouve plus que des jeunes, des fonctionnaires, des collaborateurs d'élus et des retraités. La France active a déserté les partis. Et cet appauvrissement des partis a des effets sociopolitiques, il les affaiblit, y compris sur le plan de la pensée, des idées. À l'en croire : « Vous ne trouvez plus de jeunes cadres ou de jeunes entrepreneurs dans les réunions de militants. » Ces ruptures sociologiques ont, *in fine*, un impact majeur sur la qualité de l'offre politique, donc de la participation, de l'engagement des citoyens au sens large.

1. Entretien du 29 septembre 2021.

Pour inciter les meilleurs profils à s'engager pour leur pays, il conviendrait d'organiser la transition entre privé et public, afin que ce ne soit pas une sorte de saut dans le vide sans parachute. Plus encore, il faudrait penser et anticiper la sortie du mandat et le retour vers le privé : quelle formation ? Pourquoi les élus n'auraient-ils pas le droit au chômage, comme tous les autres salariés, dès lors qu'un système équivalent de cotisation serait mis en place ? Quelle équivalence des compétences développées durant le mandat ? Comment réévaluer l'image de l'élu, afin que les entreprises ne voient pas ceux qui sortent de la politique exclusivement comme des risques, voire des menaces pour la paix sociale de leur entreprise ? Voilà des questions auxquelles il est urgent de s'attaquer. C'est dans notre intérêt, car nous avons besoin que la politique attire les meilleurs talents.

Il est aussi dans notre intérêt que les élus ne soient pas inquiets de leur reconversion, car la précarité de leur fonction peut les rendre plus sensibles aux pressions des lobbys. Un député traitera-t-il une grande entreprise de la même manière selon qu'il en attende un emploi pour l'après-mandat ou qu'il sache pouvoir rebondir à l'issue de sa parenthèse politique ? Évidemment que non. La facilitation de la reconversion est une des conditions de l'indépendance de nos élus. Espérons qu'enfin, alors que nous en parlons depuis des décennies, la campagne présidentielle de 2022 donne lieu à un débat sérieux sur le sujet, et que les différents candidats proposent des solutions. Un tel sujet mériterait même une forme de consensus transpartisan, tant il est crucial de restaurer la force et le prestige de nos élites politiques.

Plus encore que l'exacerbation de la violence implicite ou explicite, bien plus que la culture de la conquête sans égard pour l'exercice du pouvoir, et bien davantage que la précarisation de la fonction de l'élu, c'est la crise de l'efficacité de l'action publique qui mine aujourd'hui notre rapport aux élus.

Au risque de tomber dans la provocation, je crois que cette crise est aussi réelle que fantasmée. Car lorsque la courbe du chômage, sujet central de la campagne de 2017, atteint un niveau historiquement bas au terme du mandat d'Emmanuel Macron, peut-on parler d'impuissance des politiques ? Quand les élus locaux comme nationaux organisent la protection contre le Covid, distribuent des masques, organisent les testings en masse et permettent une accélération formidable de la vaccination, peut-on parler d'impuissance ? Nos exigences sont grandes, et elles se reconfigurent avec le temps. À peine le président de la République a-t-il triomphé du chômage que nos attentes se portent déjà ailleurs, sur le pouvoir d'achat ou sur la sécurité. Et si d'aventure, le prochain président permettait une régression spectaculaire de l'insécurité, nul doute que nous trouverions un autre objectif à substituer à celui qui aura été atteint. La politique est un exercice sisyphéen, et il conviendrait, par souci d'honnêteté, de nous en rendre compte.

Cela dit, il existe évidemment une crise d'efficacité de l'action publique. Et la responsabilité directe n'en revient pas uniquement aux politiques eux-mêmes. Car tous racontent la complexité des procédures, les délégations et transferts de pouvoirs survenus depuis vingt ans ou plus, la dilution des responsabilités engendrée par l'accumulation de strates successives – communautés de communes, échelon départemental, régional, etc. –, ou encore l'inertie bureaucratique et l'accumulation de normes paralysantes, en raison soit de la complexité qu'elles génèrent, soit du risque juridique auquel elles exposent les élus. Parfois, le découragement guette les meilleures volontés, et tous se sont un jour ou l'autre sentis impuissants, entravés, incapables de répondre aux injonctions qui leur sont adressées.

Ainsi, Benjamin Djiane explique avoir adoré ses fonctions d'adjoint à la sécurité de la mairie du 3e arrondissement autant qu'il les a détestées. Il lui a notamment fallu répéter inlassablement quelle était la répartition des compétences entre la municipalité et l'État. À Paris, les pouvoirs sont en effet totalement entre les mains du préfet de police. L'élu témoigne de son impuissance : « Vous ne décidez pas de l'affectation des effectifs de policiers sur le terrain. Vous ne décidez pas non plus des priorités opérationnelles des services. Vous ne pouvez qu'interpeller, sensibiliser les autorités compétentes aux problèmes. Vous écrivez des courriers avec la mention "Très signalé". Devant les habitants, vous essayez d'être rassurant, de dire que les choses vont pouvoir s'arranger. Et parfois, grâce à votre obstination, les choses s'arrangent. Vous obtenez un renfort policier ponctuel. Mais au fond de vous-même, vous savez que beaucoup, l'essentiel n'est pas entre vos mains. »

L'élu explique avoir fait quotidiennement l'expérience d'une impuissance qui a fini par lui saper le moral. À l'en croire, certains de ses collègues s'en accommodaient fort bien. Après tout, le titre et l'apparat peuvent suffire au bonheur… Mais, avec le temps, cette frustration quotidienne lui est devenue insupportable. Dès qu'il le pouvait, il affirme donc avoir plaidé pour la mise en place d'une police municipale (dont Paris était alors dépourvu). Ce à quoi, affirme-t-il, Anne Hidalgo et son entourage opposaient systématiquement une fin de non-recevoir. Et de conclure, non sans amertume : « Finalement – quelle ironie ! – Anne Hidalgo l'a mise dans son programme pour les élections municipales, jurant qu'elle avait toujours été pour. La politique est ainsi : parfois très décevante. »

Certains déséquilibres institutionnels viennent ajouter à la frustration et au sentiment de dépossession. Dans un pays où le présidentialisme fait partie de notre culture politique autant qu'il est inscrit dans nos institutions, le Parlement a toujours plus ou moins souffert d'un déficit de pouvoir face à un exécutif fort. Mais depuis l'élection d'Emmanuel Macron, dont la majorité parlementaire est pour la plupart novice et faiblement ancrée sur le terrain – et l'est d'autant moins que nous avons, à tort sans doute, mis un terme à tout cumul de mandats – et doit tout à son chef, puisqu'elle a été élue dans son sillage et sur la base de sa propre dynamique politique personnelle, le déséquilibre atteint des sommets.

De nombreux parlementaires de la majorité, croisés au cours des cinq années écoulées, m'ont exprimé leur frustration, leur sentiment de ne pas parvenir à peser suffisamment face à un exécutif très fort, et à une administration toute-puissante. Roland Lescure, cité précédemment et disposant d'un des postes les plus importants à l'Assemblée nationale, tempère : « Il est difficile d'être utile, c'est vrai. Mais peut-être parce que j'ai eu la chance d'être président de commission, je me suis fait une raison sur le fait que le pouvoir, nous n'en avions pas, nous autres députés. Mais au moins, nous avions de l'influence. Toute la difficulté consiste à savoir comment l'exercer efficacement[1]. »

Depuis l'accentuation du présidentialisme engendrée par l'inversion du calendrier électoral – les législatives s'inscrivant désormais à la suite de la présidentielle –, même les ministres se sentent dépossédés, sans un mot à dire sur leur propre portefeuille s'ils n'ont pas un poids politique suffisant au sein des équilibres majoritaires. Un ancien conseiller spécial d'un ministre de second rang du gouvernement de François Hollande m'a confié : « Je n'ai jamais moins apprécié d'être aux commandes que lorsque j'étais en cabinet ministériel. En raison des équilibres politiques, du poids de Matignon et de l'Élysée,

1. Entretien du 29 septembre 2021.

mais aussi parce que je ne voyais jamais concrètement ce que je contribuais à changer dans la vie des gens. Quand vous êtes aux commandes d'une ville, vous pouvez attribuer des logements, ou expliquer pourquoi vous les refusez, vous avez un contact et un dialogue directs avec vos concitoyens. Vous pouvez aussi construire des logements, vous les voyez sortir de terre, vous voyez les familles emménager, et là, vous savez que vous avez eu un impact dans leurs vies. En ministère, au contraire, vous donnez des impulsions, mais ensuite vous ne pouvez pas tout suivre, les choses peuvent se bloquer à tout moment, vous ne voyez jamais jusqu'où vos décisions arrivent[1]. »

Enfin, nos institutions excessivement centralisées donnent un pouvoir démesuré à l'État central, et donc à la haute administration parisienne, au détriment d'élus locaux qui vivent souvent leur mandat – ce fut particulièrement le cas pendant la crise du Covid – comme un bras de fer permanent avec l'administration.

Au fond, lorsque nous, citoyens, avons le sentiment que nos élus ne peuvent pas grand-chose, nous ne nous doutons pas qu'un bon nombre d'entre eux partagent notre constat. Et ils sont très nombreux à être convaincus que s'ils sont méprisés, voire détestés, c'est moins en raison d'une prétendue corruption, que de l'inefficacité réelle ou perçue de leur action. Comme l'exprime

1. Entretien du 14 septembre 2021.

l'ex-député socialiste Christophe Borgel – qui a quitté la politique en 2017 : « Je ne pense pas que la montée de la défiance soit liée à l'idée qu'ils "sont tous corrompus". Je pense que le principal problème, c'est plutôt que l'on se dit : "Ils ne servent à rien, au mieux ils voudraient bien mais sont impuissants, au pire, ils n'en ont rien à faire et ne pensent qu'à leur gueule." Le pouvoir de faire : voilà l'origine de la défiance. » À l'appui de ses propos, il cite Alain Carignon à Grenoble, condamné à de la prison ferme, mais ayant réalisé un score plutôt honorable aux dernières municipales. Ou encore Patrick Balkany, « réélu malgré les affaires qui l'ont visé, tout simplement parce qu'il donnait aux habitants de Levallois le sentiment de s'occuper vraiment d'eux ».

Isabelle Balkany, justement, rencontrée au moulin de Giverny où elle est assignée à résidence avec son mari à l'automne 2021, explore les causes de l'impuissance des élus :

> Il y a eu chez beaucoup d'élus la fascination de l'ENA et du niveau de compétences que l'on prête aux hauts fonctionnaires qui en sont issus. Comme un sentiment d'infériorité. Et il est vrai qu'il y a incontestablement un niveau différent de compétences et de culture entre les élus et les administratifs. Les élus qui avaient des parcours plus classiques – ceux qui avaient été médecins, instituteurs, etc. – ont été fascinés, bluffés, par cette énarchie qui leur tenait des raisonnements très pointus.
>
> Certains élus se sont laissé piéger par cela, ont accepté tous

les diktats et adopté jusqu'au langage des administratifs. Finalement, inspirés par cette haute administration qui les fascinait, ils ont initié eux-mêmes des trucs totalement abscons. Pour moi, l'exemple le plus frappant est la loi de décentralisation. Celle de Defferre a été l'initiative la plus géniale de ce siècle, grâce à elle nous sommes passés d'un État jacobin, centralisateur, à une décentralisation des compétences sur les communes, les départements et les régions… Routes, éducation, voirie, aides sociales : tout à coup, les choses se sont mises à fonctionner. Les bâtiments scolaires ont été rénovés.

Mais ensuite, les politiques eux-mêmes, au lieu de dégraisser le millefeuille, se sont mis à empiler de nouvelles couches au millefeuille : regroupements de communes, régions gigantesques qui ne correspondent plus à la culture française… Et là, à nouveau, tout s'est bloqué. Les politiques se sont enfermés eux-mêmes, ont renforcé le carcan administratif.

À mes yeux, ce qu'il y a de pire pour un élu local, c'est de répondre à ses concitoyens : « Ah ben je ne peux pas faire. » Moi j'ai toujours cherché à essayer de faire, même si une règle administrative faisait obstacle à la volonté politique. Ce pays est devenu un système complètement paralysé par lui-même.

Alors, faut-il quitter le monde politique pour avoir un impact ? Ou faut-il encore croire, comme me le confiait Xavier Bertrand tout en bataillant pour être désigné candidat de la droite par son ex-parti, Les Républicains, que

« la politique, c'est l'anti-destin » ? Ces derniers temps, ils sont nombreux, notamment à gauche, à avoir déserté l'engagement politique pour le milieu associatif.

Benoît Hamon, candidat socialiste humilié à la présidentielle, a pris ses distances avec l'engagement politique à partir de 2019. « Cette génération abandonne le jeu politicien quand la politique ne peut plus rien », justifiait-il au moment de quitter la vie politique en 2021[1], en dénonçant une action politique qui s'automutile, « s'invente un cercle de la raison qui justifie que l'on ne fasse rien ». Pour l'apparatchik socialiste, engagé depuis qu'il était étudiant, « cela conduit à envisager l'action pas simplement à travers l'exercice du pouvoir, à travers les institutions, mais par la mobilisation citoyenne, la création d'activités, l'innovation ». Et de conclure : « Renoncer à l'action politique, ce n'est pas renoncer à l'action. » Ironie : bien qu'abandonnant officiellement la politique pour diriger une ONG d'aides aux réfugiés, à l'automne 2021, Benoît Hamon conserve son mandat de conseiller régional d'Île-de-France, et l'indemnisation associée[2]…

Ce chemin, allant de la politique aux ONG, Cécile Duflot l'a elle aussi emprunté, pour diriger Oxfam en France, de même que Najat Vallaud-Belkacem, pour

1. Entretien dans le journal *Le Monde*, propos recueillis par Abel Mestre, 9 septembre 2021.

2. Noah Moulinet, « Benoît Hamon quitte la vie politique mais conserve son titre et son indemnité de conseiller régional », *Capital*, 1er octobre 2021.

l'ONG One. Comment mieux signifier que la politique ne peut plus rien, et qu'il vaut mieux être membre d'une ONG ou entrepreneur qu'élu de la nation pour changer les choses... ?

Ceux qui font le chemin inverse paraissent presque anachroniques, ou idéalistes. C'est le cas de Yannick Jadot, venu du mouvement associatif et désormais candidat à la présidentielle. Je l'interroge sur ce cheminement alors qu'il vient d'être désigné candidat écologiste à la présidentielle : « Bien sûr, il y a une génération engagée à gauche qui a été sacrifiée par le quinquennat de François Hollande. Ce quinquennat a beaucoup abîmé celles et ceux qui portaient des idées nouvelles – Benoît Hamon avec le revenu universel, Cécile Duflot, qui a quitté la politique pour rejoindre une ONG, etc. Il y a là une génération abîmée, et lourdement marquée par l'exercice du pouvoir. »

Revenant aux sources de son engagement, dans le mouvement associatif et les mouvements sociaux, il revendique une volonté : celle de « conscientiser, dénoncer, proposer ». À cette époque, il avait déjà l'impression de faire de la politique. Participer au mouvement altermondialiste, combattre les OGM, plaider pour une taxe sur les transactions financières, porter un combat pour un multilatéralisme du bien commun et contre l'avènement du libéralisme... Autant de causes qu'il estime avoir servies en cherchant à structurer l'action de la société civile. Hélas, « le libéralisme a gagné la bataille de la "mondialisation heureuse" et de la marchandisation de tout, contre la vision que nous défendions».

Une nouvelle phase de son engagement s'ouvre avec Greenpeace, où il a occupé les fonctions de directeur des campagnes de Greenpeace France, entre 2002 et 2008. À ses yeux, il s'agissait là aussi d'alerter, de conscientiser, en rappelant ce que disait la science, mais aussi de faire des propositions. Il se remémore cette époque comme une phase de transition, un basculement du monde politique et de la société de l'alerte à la prise de conscience, puis à la recherche active de solutions. Le Grenelle de l'environnement a été, selon lui, un moment charnière, non pas tant dans sa traduction législative, mais par la rupture dans l'imaginaire collectif que ce moment a engendrée. «Le Grenelle fait rentrer l'écologie totalement dans la politique. Bien sûr, lors de la présidentielle de 2007, pour la première fois des candidats majeurs parlaient enfin de l'environnement – je me souviens notamment du débat sur l'EPR entre Nicolas Sarkozy et Ségolène Royal. Le débat écologique n'avait jamais été si central auparavant. Il y avait eu Nicolas Hulot et son pacte, Nicholas Stern en Grande-Bretagne ou encore Al Gore aux États-Unis. Tous ont contribué à cette accélération de l'entrée de l'écologie dans le champ du débat politique. Mais avec le Grenelle, le pays comprend que l'écologie est aussi un enjeu de politiques publiques et de solutions.»

Ce basculement collectif amène un changement de sa trajectoire personnelle: à partir de là, il ressent la nécessité de concevoir son engagement différemment, pour « avoir un débouché politique puissant qui nous mette en situation d'agir ». Agir, d'abord au niveau du Parlement européen, puis à l'échelon national.

Dans le récit qu'il en fait, l'engagement associatif et politique de Yannick Jadot est donc inscrit dans une forme de continuité. Un même combat, mené avec des armes et des leviers différents. L'engagement associatif n'est vu ni comme un lot de consolation ni comme une manière d'agir pour un monde meilleur sans se salir les mains dans la « politique politicienne ».

Sans la société civile, le politique ne peut agir, et inversement : « Plus il va falloir actionner fort des leviers de politiques publiques, plus il nous faudra mobiliser les forces vives du pays, pas simplement comme des relais, mais aussi comme des partenaires. Je ne crois pas que l'on puisse transformer la société avec une forme de dirigisme vert qui remplacerait la technocratie libérale actuelle. »

Mais que se passe-t-il, alors, si le peuple déteste les politiques et leur refuse son soutien ?

Il n’y a pas de clientélisme sans clients. Il serait temps de balayer devant notre porte

David Lisnard fait partie de ces maires adorés de leurs administrés. Présent, dévoué, respecté y compris par son opposition, il est de ces figures que la politique nationale ne parvient plus à fabriquer, tant l’éloignement suscite d’incompréhension, de déshumanisation et donc de caricatures.

Il est une preuve, parmi des milliers d’autres élus, que la politique peut encore fonctionner, que l’engagement est utile, et que la fracture entre peuple et élites n’est pas irréductible. Une preuve, ou bien une exception, dans un océan de défiance ?

Il tente d’expliquer son rapport particulier aux Cannois : « Un des gages de ma crédibilité à Cannes, c’est que l’on peut ne pas être d’accord avec moi, mais chacun sait que ce que je demande aux autres, je me l’applique d’abord à moi-même[1]. » Cette exemplarité – non pas entendue comme une posture morale, mais comme une volonté de s'appliquer exactement les mêmes règles qu'aux autres – est, selon lui, la base du respect qui permet un minimum de dialogue, et donc un bon fonctionnement de la démocratie locale. Il ajoute, afin d'illustrer ses propos : « Ma fille a été apprentie, puis a voulu monter son bistrot. Eh bien, elle ne l'a pas fait dans ma ville, je ne voulais pas que l'on puisse nous accuser d'un quelconque favoritisme fantasmé. Autre exemple, dans un dîner officiel protocolaire, si je suis accompagné de proches, je paie personnellement les repas. Cela me paraît normal. Vous savez, il n'y a rien d'extraordinaire, l'immense majorité des maires et élus est honnête et procède ainsi. »

Peut-on être réélu à plus de 80 % dès le premier tour sans jamais tomber dans le « clientélisme » ? Quelle est la bonne distance par rapport à ceux qui vous ont élu ? Où se trouve la frontière entre un bon élu et un élu « clientéliste » ? Les réponses à ces questions sont sans doute moins évidentes qu'il n'y paraît et que les moralisateurs voudraient nous le faire croire.

David Lisnard définit le clientélisme comme le glissement d'une attention personnelle apportée à une situation vers l'attribution d'un avantage anormal. « Il faut être dans la proximité, mais ne jamais tomber dans la familiarité. » C'est bien là toute la difficulté. Car « toute la journée, vous rencontrez, en tant qu'élu, des situations

1. Entretien du 30 septembre 2021.

humaines difficiles. Il y a évidemment chez ceux qui dévient un clientélisme cynique, mais il peut aussi y avoir un clientélisme naïf». Vouloir aider, être ému par une situation, s'identifier à telle ou telle personne sont des réflexes purement humains. Peut-on reprocher à nos élus d'être simplement humains ?

Pour se garder de tomber dans une quelconque dérive clientéliste, Lisnard explique qu'il « faut des décisions collégiales, de l'écrit, avec des critères de décision clairs et transparents. Cela nécessite une praxis d'empathie, d'écoute, de volonté d'aider, tout en respectant les règles et les procédures qui doivent s'appliquer à tous. Vous plaidez un dossier mais n'imposez pas la décision». En quelque sorte, la lutte contre le clientélisme n'est pas simplement une bataille contre la corruption, c'est aussi une lutte contre soi-même, sa propre humanité.

Le clientélisme est ainsi une notion politique trop souvent caricaturée, simplifiée à l'extrême. Nous oublions également qu'elle renvoie les électeurs, c'est-à-dire nous-mêmes, à nos propres responsabilités, et à notre humanité, avec la part de travers qu'elle comporte nécessairement.

Car pour qu'il y ait des « clientélistes », n'oublions pas qu'il faut aussi des clients…

La preuve par « les Balkany ». Ils occupent une place particulière dans notre imaginaire politique collectif. Objets de détestation, ces personnages hauts en couleur, comme la politique ne sait plus en fabriquer, exercent une forme de fascination, avec leurs coups d'éclats permanents, les rires et les emportements des mythiques Patrick et Isabelle, leur air de nous dire : « Allez vous faire foutre ! » Les médias raffolent de leurs péripéties, feuilletonnent les « affaires », scrutent le moindre soubresaut d'une vie politique échouée à Giverny, dans le périmètre restreint autorisé par la justice et sanctionné par des bracelets électroniques, sur le ponton en bois que nous avons visité dans les pages précédentes, lors de l'évocation de l'attentat du Caire.

La presse s'en est donné à cœur joie : « Les Balkany, amour, gloire et fraude fiscale », titre façon série télé *Le Dauphiné libéré*. « Les Balkany, seigneurs déchus de Levallois-Perret », se délecte *L'Obs*. Ces unes, choisies parmi tant d'autres, qui frappent l'imaginaire collectif et font vendre. « Les Balkany », packaging décidément humiliant et sexiste, insiste à raison Isabelle Balkany, comme si elle n'avait d'existence propre qu'à travers son mari. Il n'en manque pas une miette : leurs démêlés avec la justice, ces sanctions qui les ont disqualifiés de la vie politique, leurs demeures extravagantes, cette richesse assumée sujet de jalousie ou de mépris, leur amitié fidèle avec l'ancien président Nicolas Sarkozy.

Mais si ce couple occupe une place si particulière dans notre imaginaire collectif, je suis convaincue que ce n'est pas simplement en raison de leurs démêlés judiciaires, qui en font l'idéal type du politique que nous adorons détester et rendre responsable de tous nos maux, pour mieux nous déresponsabiliser. Ce n'est pas non plus uniquement en raison de leurs personnalités et de leurs parcours hors du commun. Non, s'ils occupent une place si particulière dans le paysage politique français, c'est en fait parce que leur existence même est révélatrice de la nature de notre rapport à la politique, et pointe nos propres contradictions. Celles que, trop souvent, nous ne voulons pas voir.

Car les Balkany, si honnis ou vilipendés soient-ils par une partie de l'opinion et de la presse, ont une caractéristique fondamentale. Un élément qui dérange, et que l'on préfère ne pas questionner, de peur de ce qu'il nous révélerait de nous-mêmes et de notre rapport à la politique. Cet élément, c'est l'élection. Et la réélection. Voire le plébiscite.

Oui, les Balkany ont été, et sont encore, aimés de beaucoup de Levalloisiens. Il faudrait être de très mauvaise foi pour le nier.

« Comment ?! me direz-vous, mais ils sont clientélistes, voilà pourquoi ils sont aimés ! » Le « clientélisme », ou l'argument ultime que l'on brandit pour nier la réalité de la popularité d'un élu, sans même voir que cette accusation salit autant l'électeur – traité comme un vulgaire animal qui suivrait aveuglément celui qui lui donne à manger – que le politique qu'elle vise.

Écoutons les intéressés, rencontrés lors de leur isolement à Giverny, à l'automne dernier : « La définition du clientélisme est de faire quelque chose pour obtenir quelque chose en retour. Or, quand vous êtes élu local, vous êtes confronté à une population diverse, aux attentes multiples, aux exigences très grandes. Mais si vous attribuez un logement à tel ou tel, vous lui rendez un service, certes, mais vous ne lui faites pas signer un papier l'engageant à voter pour vous ! C'est épouvantable d'accuser les élus locaux de clientélisme, car cela les paralyse dans l'action qu'ils pourraient déployer au service de leurs administrés. Ils deviennent alors de vulgaires fonctionnaires, qui se cachent de leur population, car ils ont trop peur de mal faire en cherchant simplement à aider. Si un citoyen s'adresse à vous, élu, plutôt qu'à l'administration, c'est bien qu'il attend une autre forme d'écoute, une autre sensibilité, et une autre action. »

Et Isabelle Balkany conclut son raisonnement : « Donc si on dit que le clientélisme consiste à chercher à satisfaire les besoins des gens, je le revendique ! Si c'est une écoute attentive, suivie d'une action pour améliorer les choses, je suis clientéliste ! Bien sûr, vous ne pouvez pas toujours dire oui à tout. Parfois vous devez dire non, ou merde. Mais quand vous pouvez agir, vous devez le faire, c'est tout. »

La différence entre les clientélistes et les autres résiderait-elle donc dans la sincérité de leur volonté d'aider leur prochain... ? On touche ici du doigt toute la complexité de cette notion, pourtant centrale dans le débat politique.

Interrogé sur la question, Xavier Bertrand n'hésite pas un instant : « Regardez : j'agis énormément pour la ruralité, depuis que je suis président de région. J'ai été très surpris, aux dernières régionales, du score de ma liste dans le monde rural. Nous étions devant le Rassemblement national, habituellement très puissant dans ces territoires. »

Peut-on dire pour autant qu'il se soit rendu coupable de « clientélisme » en faveur des ruraux ? Manifestement, Xavier Bertrand reconnaît avoir beaucoup œuvré pour eux. Mais, poursuit-il, il a toujours conduit ses actions au nom de l'idée que la France aurait absolument besoin d'un rééquilibrage territorial. Si nous laissons les inégalités se creuser, insiste-t-il, « nous allons à l'implosion ». C'est donc au nom d'une vision du territoire, et du bien commun, que Xavier Bertrand revendique avoir « favorisé » une catégorie.

De la même manière, il s'est souvent placé du côté des chasseurs. Lobby auquel Emmanuel Macron n'est pas indifférent, de nombreuses polémiques en attestent. Clientélisme, là encore, du président des Hauts-de-France ? Non, répond-il, car « je le fais au nom de la réparation du mépris dont ils ont fait l'objet pendant des années de la part du conseil régional précédent ». Convaincu que les mots d'ordre et les consignes de vote n'existent plus, il affirme que son engagement au côté des chasseurs se fait sans arrière-pensée électoraliste. D'ailleurs, reprend-il, « j'entends le monde de la chasse, mais je n'acquiesce pas à tout ce qu'ils me demandent et je le redis : leur vote ne m'est pas forcément acquis ».

Au fond, qu'est-ce qui permet à ce grand élu de distinguer une action clientéliste d'une autre ? La réponse fuse : « L'intérêt général, et la vision que l'on porte de la société française. » L'on pourrait donc assumer de favoriser telle ou telle catégorie, au nom d'une certaine idée de la France.

Xavier Bertrand ajoute, pour finir, comme pour se défendre d'attaquer les citoyens en les renvoyant à leurs responsabilités individuelles, que « les Français semblent être dans une logique de plus en plus individualiste et donc peuvent être la proie des clientélistes, car ils ne distinguent pas chez les politiques une vision commune de projets d'intérêt général. Comment peut-on leur reprocher de se soucier avant tout de leur intérêt personnel si l'intérêt général fait défaut ? C'est au politique d'offrir une vision, un vrai projet de société et nul alors ne pourra les caricaturer en clients des services publics, mais bel et bien en citoyens. Car le comportement citoyen de chacun n'est jamais enfoui bien loin, il ne demande qu'à se révéler, mais là encore, la responsabilité première incombe aux responsables politiques. »

Ces paroles, je l'avoue, me laissent un brin sceptique. Sans doute parce que j'ai une vision plus pessimiste de la société. Ou bien parce que, ne cherchant pas à être élue, je peux exprimer plus clairement une critique de ce qu'est devenue la citoyenneté aujourd'hui. Le consumérisme politique me semble en effet avoir considérablement entamé notre capacité collective à nous fédérer autour d'un projet commun.

Que celui qui n'a jamais cherché à obtenir un quelconque passe-droit ou avantage de son maire, député ou conseiller départemental jette la première pierre aux élus « clientélistes » ! Il est bon, parfois, de balayer devant sa porte. La politique crève aussi, peut-être surtout, de nos lâchetés et de nos petitesses à nous, citoyens.

Conclusion

Oui, nous avons notre part de responsabilité, que nous occultons trop souvent. Par notre désengagement et notre abstention, par nos demandes contradictoires, par notre défiance ou notre détestation des élus, nous laissons et même portons au pouvoir des gens admirables, certes, mais aussi des pourris et des incompétents.

Le carriérisme est, bien sûr, trop souvent le corollaire de l'ambition, il accompagne fréquemment l'ego surdimensionné qu'affichent de nombreux responsables politiques. Nous abhorrons cette tendance à s'accrocher à son poste comme à une rente de situation, et à vouloir toujours gravir plus haut les échelons.

Mais il faut bien avouer que nous souhaitons par ailleurs, dans un même mouvement, que nos élus soient sûrs d'eux, et d'où ils nous emmènent. Nous voudrions qu'ils aient une ambition collective, la force de surmonter tous les obstacles et de résister à toutes les attaques, et pourtant qu'ils ne soient animés par aucune forme d'ambition individuelle démesurée.

Une fois n'est pas coutume, nos contradictions nous conduisent à admirer les femmes et les hommes qui ont l'audace de trahir leur mentor politique, de tenir bon malgré les déconvenues, de s'imaginer un destin national, tout en détestant l'égocentrisme, les carrières interminables et la part de déloyauté qu'induit nécessairement l'aspiration à tracer son propre sillon.

Nous souhaitons des élus exemplaires, vertueux, bons parents et époux/épouses, et beaux (ou belles) si possible – eh oui ! sinon, pourquoi François Hollande aurait-il pris la peine de perdre tant de kilos avant la campagne présidentielle de 2012 ? Comme me le confiait une retraitée de la vie politique : « Les femmes sont tellement botoxées qu'elles en sont fades, sans expression… Comment voulez-vous que les gens vous aiment, si vous ne vous acceptez pas vous-même, avec vos rides ? » Nous exigeons des politiques qu'elles et ils soient tout ce que nous ne parvenons pas à être… c'est-à-dire sans faille, efficaces, jamais fatigués ni abattus, ambitieux tout en étant humbles, séducteurs sans jamais être infidèles, élégants sans céder à l'ostentation. Nos élus devraient être à la hauteur de nos ambitions et de nos rêves, et leurs faiblesses nous écœurent, nous ennuient, ou nous agacent.

Pourtant, lorsqu'une personnalité coche toutes les cases – jamais abattu, agile intellectuellement, élégant, déterminé… –, comme c'est le cas d'un Emmanuel Macron, bon élève par excellence, nous finissons aussi par le lui reprocher. L'excès de qualités finit par nous agacer, car il nous renvoie à nos propres carences, à ce que nous n'arrivons pas à être. Et l'absence de faiblesses caractérisées nous empêche de nous identifier à ces personnages exceptionnels.

C'est là l'un des grands paradoxes de notre rapport à la politique : nous voudrions des héros faillibles, des êtres à la fois exceptionnels et ordinaires. En somme, le beurre et l'argent du beurre. Si bien que lorsque nous avons l'exception, la démesure, nous aspirons à la banalité, à l'ordinaire, et inversement lorsqu'un François Hollande, par exemple, nous offre un « homme normal », il nous fait honte et nous n'aspirons qu'à retrouver un Superman.

En réalité, la responsabilité de la dégradation du climat politique ne repose pas uniquement sur nos élus. Non, *nous* avons contribué peu à peu à rendre la politique détestable, impraticable. C'est en partie notre faute si ne survivent plus dans ce monde-là que les héros ou les détraqués, les saints ou les avides de pouvoir ou de notoriété. Si l'air politique devient irrespirable pour l'immense majorité de ces élus juste « normaux », c'est parce que nous attendons d'eux des choses proprement surhumaines, ce qui en décourage plus d'un. Or nous élisons des représentants qui ne sont que le reflet de nous-mêmes. Parfois exemplaires, exceptionnels. Parfois petits et mesquins. Et souvent ordinaires.

Pour réussir à accepter nos élus tels qu'ils sont, il faudrait que nous commencions par nous accepter nous-mêmes, avec nos défauts, nos faiblesses, notre grandeur comme notre petitesse.

Épilogue

Que se passerait-il si, un jour, Atlas décidait de laisser tomber le monde qu'il porte sur ses épaules ? Cette question n'est hélas plus qu'une simple hypothèse.

D'un côté, des centaines, des milliers d'hommes et de femmes formidables renoncent, par fatigue, par lassitude, au militantisme ou à l'engagement politique. De l'autre, les rangs des abstentionnistes, de ceux qui tournent le dos à la politique, ne cessent de grossir. Entre les deux, c'est la politique que nous sommes en train de déserter, croyant ainsi punir une élite déconnectée. Ce faisant, c'est nous-mêmes que nous punissons. Car la politique, c'est la chose commune.

Et dans l'espace libéré par nos renoncements, par nos fantasmes qui se prennent pour clairvoyance et par nos égoïsmes drapés dans une dénonciation du système devenue tendance, surgissent les monstres.

Ils ont un visage. Ils en ont dix, cent, mille. Tels des épouvantails que nous agitons pour effrayer une élite qui nous a trop souvent oubliés, méprisés ou trahis.

Ils s'appellent Trump, Bolsonaro, Orbán ou Salvini.

Ils s'appellent Le Pen, Zemmour ou Mélenchon. Des monstres qui sont les nôtres. Les enfants d'un système que nous feignons de subir, mais dont les règles sont uniquement le fruit de nos travers et de nos envies, plus ou moins conscients, plus ou moins avouables.

Au terme de cette réflexion, je sais désormais pourquoi j'ai fait – indirectement, il est vrai – de la politique. Et également pourquoi je n'en fais plus.

J'espère que vous savez également mieux les raisons pour lesquelles vous n'en faites pas. Ou bien pourquoi vous devriez, ou avez désormais, peut-être, qui sait, envie d'en faire.

Table

Troisième partie
Comment en sommes-nous arrivés là ?

Cet ouvrage a été imprimé en France par
CPI Firmin-Didot
16 rue Firmin Didot
27650 Mesnil-sur-l'Estrée (France)

pour le compte des Éditions Fayard
en janvier 2022

Photocomposition Belle Page

N° d'édition : 62.9700.7/01 - N° d'impression : 167264